AS 5 LINGUAGENS DO AMOR

GARY CHAPMAN

AS 5 LINGUAGENS DO AMOR

COMO EXPRESSAR UM COMPROMISSO DE AMOR A SEU CÔNJUGE

Traduzido por EMIRSON JUSTINO

3ª edição

mundocristão
São Paulo

Dados Internacionais de Catalogação na Publicação (CIP)
(Câmara Brasileira do Livro, SP, Brasil)

Chapman, Gary
As 5 linguagens do amor / Gary Chapman; traduzido por Emirson Justino. — 3. ed. — São Paulo: Mundo Cristão, 2013.

Título original: The 5 Love Languages: The Secret to Love That Lasts.
ISBN 978-85-7325-892-9

1. Amor — Aspectos religiosos — Cristianismo 2. Casamento — Aspectos religiosos — Cristianismo 3. Comunicação no casamento 4. Homem-mulher — Relacionamento I. Título.

13-03450 CDD-248.844

Índice para catálogo sistemático:
1. Amor conjugal: Guias de vida cristã: Cristianismo 248.844
Categoria: Casamento

Publicado no Brasil com todos os direitos reservados por:
Editora Mundo Cristão
Rua Antônio Carlos Tacconi, 69, São Paulo, SP, Brasil, CEP 04810-020
Telefone: (11) 2127-4147
www.mundocristao.com.br

1ª edição: setembro de 1997
2ª edição: fevereiro de 2006
3ª edição: junho de 2013
35ª reimpressão: 2020

Para Karolyn, Shelley e Derek

Sumário

Agradecimentos 9

1. O que acontece com o amor depois do casamento? 11
2. Mantenha o tanque de amor cheio 19
3. A paixão 25
4. Primeira linguagem do amor: Palavras de afirmação 37
5. Segunda linguagem do amor: Tempo de qualidade 57
6. Terceira linguagem do amor: Presentes 79
7. Quarta linguagem do amor: Atos de serviço 97
8. Quinta linguagem do amor: Toque físico 117
9. Descubra sua linguagem do amor primária 131
10. Amar é uma escolha 141
11 O amor faz diferença 151
12. Amar quem é difícil de ser amado 159
13. Uma palavra pessoal 175

As perguntas mais comuns sobre as cinco linguagens do amor 179

Descubra sua linguagem do amor — Questionário para maridos 197

Descubra sua linguagem do amor — Questionário para esposas 205

Agradecimentos

O amor começa no lar, ou pelo menos deveria. Para mim, lar é sinônimo de Sam e Grace, papai e mamãe, que me amaram por mais de sessenta anos. Sem eles, ainda estaria à procura de amor, em vez de escrever sobre ele. Lar também significa Karolyn, com quem estou casado há mais de quarenta anos. Se todas as esposas amassem como ela ama, poucos maridos olhariam por cima da cerca. Shelley e Derek já saíram de nosso ninho e foram explorar novos mundos, mas me sinto seguro no amor que demonstram por nós. Sou abençoado e agradecido.

Sou extremamente grato a um número enorme de profissionais que influenciaram meus conceitos sobre o amor. Entre eles estão os psiquiatras Ross Campbell e Judson Swihart. No campo da assistência editorial, agradeço a Debbie Barr e Cathy Peterson. A capacidade técnica de Tricia Kube e Don Schmidt possibilitou o cumprimento dos prazos de publicação. Por fim, e mais importante, quero expressar minha gratidão às centenas de casais que, no decorrer de trinta anos, compartilharam comigo a intimidade da vida conjugal. Este livro é um tributo à sua honestidade.

CAPÍTULO 1

O que acontece com o amor depois do casamento?

A dez mil metros de altitude, em algum lugar entre Buffalo e Dallas, ele colocou a revista no bolso do assento à sua frente, virou-se em minha direção e perguntou:

— Você trabalha com quê?

— Faço aconselhamento conjugal e promovo seminários sobre melhoria do casamento — respondi, de forma casual.

— Faz tempo que desejo perguntar isto a alguém: O que acontece com o amor depois do casamento?

Tendo desistido da possibilidade de tirar uma soneca, perguntei a ele:

— O que você está querendo dizer?

— Bem, eu me casei três vezes e, em todas elas, tudo era maravilhoso antes de nos casarmos. Mas, por alguma razão, depois do casamento, tudo desmoronou. Todo o amor que eu pensava sentir por ela e que ela parecia sentir por mim se evaporou. Sou uma pessoa inteligente. Administro um negócio bem-sucedido, mas isso é algo que não entendo.

— Quanto tempo você ficou casado?

— O primeiro casamento durou cerca de dez anos. O segundo durou três, e o último, quase seis anos.

—Seu amor evaporou de uma hora para outra após o casamento ou foi uma perda gradual?

— Bem, o segundo deu errado logo de início. Não sei o que aconteceu. Pensei de verdade que nos amássemos, mas a lua de mel foi um desastre e nunca nos recuperamos. Namoramos por apenas seis meses. Foi um romance-relâmpago. Tudo era realmente empolgante! Mas, depois do casamento, foi uma guerra, desde o início.

— E o primeiro casamento? — perguntei.

— No primeiro, tivemos três ou quatro bons anos juntos antes que o bebê nascesse. Depois que ele nasceu, minha sensação era de que ela dava total atenção ao bebê e que eu não era mais importante. Era como se o único objetivo da vida dela fosse ter um bebê e, depois disso, não precisasse mais de mim.

— Você disse isso a ela?

— Sim, eu disse. Ela disse que eu estava louco, que eu não entendia o estresse de ser uma babá vinte e quatro horas por dia. Disse que eu deveria ser mais compreensivo e ajudasse mais. Eu realmente tentei, mas não parecia fazer diferença. A partir dali, ficamos cada vez mais distantes. Depois de algum tempo, não havia mais nenhum amor, apenas indiferença. Nós dois chegamos à conclusão de que o casamento tinha acabado.

— E o último casamento?

— Veja, eu realmente achava que seria diferente. Fiquei divorciado por três anos. Então, namoramos por dois anos. Achava de verdade que sabia o que estava fazendo e, talvez pela primeira vez na vida, realmente imaginei que soubesse o que significava amar alguém. Sentia sinceramente que ela me amava.

— E o que aconteceu?

— Não acho que eu tenha mudado depois de nos casarmos. Continuei a expressar amor como fazia antes do casamento. Dizia como ela era bonita, quanto eu a amava e que tinha orgulho de ser seu marido. Mas, alguns meses depois, ela começou a reclamar de coisas pequenas, como não levar o lixo para fora ou não guardar minhas roupas. Em seguida, passou a atacar meu caráter, dizendo que não podia confiar em mim e me acusando de ser infiel. Ela se tornou uma pessoa totalmente negativa. Antes do casamento, ela não era assim. Na verdade, era uma das pessoas mais positivas que eu já havia conhecido. Seu otimismo, aliás, foi uma das coisas que me atraíram nela. Nunca reclamava de nada. Para ela, tudo que eu fazia era maravilhoso. Assim que nos casamos, porém, eu não parecia ser capaz de fazer nada certo. Honestamente, não sei o que aconteceu. Por fim, perdi meu amor e comecei a me ressentir dela. Estava bem claro que ela não me amava. Chegamos à conclusão de que não era bom continuarmos juntos e, assim, nos separamos.

> Antes do casamento, ela não era assim.

Após fazer uma pausa, ele prosseguiu:

— Isso aconteceu um ano atrás. Sendo assim, minha pergunta é: O que acontece com o amor após o casamento? Minha experiência é comum? É por isso que temos tantos divórcios hoje em dia? Não consigo acreditar que isso tenha acontecido três vezes comigo. Será que aqueles que não se divorciam aprendem a viver com o vazio, ou o amor realmente permanece vivo em alguns casamentos? Se for esse o caso, como é possível?

As perguntas do meu amigo sentado no assento ao lado são as mesmas que milhares de pessoas, casadas e divorciadas, fazem hoje em dia. Algumas perguntas se dirigem a amigos, outras a conselheiros e pastores, e outras a si mesmos. Às vezes as respostas são expressas em jargões da psicologia quase incompreensíveis. Às vezes são expressas por meio de piadas e ditados populares. A maioria das piadas e brincadeiras contém alguma verdade, mas tem a mesma eficácia de uma aspirina oferecida a uma pessoa com câncer.

O anseio pelo amor romântico no casamento está profundamente enraizado em nossa formação psicológica. Há inúmeros livros sobre o assunto, e programas de rádio e televisão abordam o tema em entrevistas. A internet está cheia de conselhos, assim como nossos pais e amigos. Manter o amor vivo no casamento é assunto sério.

Com toda a ajuda especializada disponível na mídia, por que tão poucos casais parecem ter encontrado o segredo para manter o amor vivo após o casamento? Por que o casal assiste a um seminário sobre comunicação conjugal, ouve ideias maravilhosas sobre como melhorar o diálogo e, ao voltar para casa, se vê totalmente incapaz de pôr em prática as técnicas demonstradas? O que fazer quando vemos um especialista em algum programa de entrevistas falar sobre as "100 maneiras de expressar amor ao nosso cônjuge", escolhemos duas ou três maneiras que nos parecem especialmente boas e as colocamos em prática, e o cônjuge nem sequer reconhece nosso esforço? Diante disso, abandonamos as outras 97 maneiras e voltamos à vida normal.

A verdade que deixamos de lado

O propósito deste livro é responder a essas perguntas. Não quero dizer que os livros e artigos já publicados não sejam úteis. O problema é que ignoramos uma verdade fundamental: As pessoas falam diferentes linguagens do amor.

Tenho formação acadêmica na área de antropologia. Assim, estudei linguística, que identifica determinado número de grupos linguísticos principais: japonês, chinês, espanhol, inglês, português, grego, alemão, francês e assim por diante. A maioria de nós cresce falando a língua dos pais e irmãos, nossa linguagem *primária* ou nativa, também chamada de língua materna. Mais tarde, aprendemos línguas ou idiomas adicionais — mas, em geral, com maior esforço. São nossas linguagens *secundárias*. Falamos e entendemos melhor nossa linguagem materna. Ela nos faz sentir mais confortáveis. Quanto mais usarmos uma segunda língua, mais confortáveis nos sentiremos em conversar nela. Se falarmos apenas nossa linguagem primária e nos encontrarmos com alguém que fala apenas a linguagem primária dele, que é diferente da nossa, o diálogo será limitado. Precisaremos confiar em gestos, grunhidos, desenhos ou encenações para expressar nossas ideias. A comunicação existe, mas é estranha, travada. As diferenças de linguagem fazem parte da cultura humana. Se quisermos estabelecer contato eficiente em diversas fronteiras culturais, é preciso aprender a linguagem daqueles com quem desejamos nos comunicar.

É a mesma coisa no âmbito amoroso. Sua linguagem emocional do amor e a de seu cônjuge podem ser tão diferentes quanto o chinês é do português. Por mais que você se esforce para expressar seu amor em português, se seu cônjuge só entende chinês, vocês nunca entenderão como amar um ao outro. Meu amigo no avião usava a linguagem das palavras de afirmação com sua terceira esposa, dizendo a ela que a achava bonita, que a amava e tinha orgulho de ser seu marido. Ele expressava amor, e era sincero no que dizia, mas ela não entendia essa linguagem. Talvez ela buscasse amor no comportamento dele e não o encontrasse. Não basta ser sincero. Devemos nos dispor a aprender a linguagem do amor primária do outro se quisermos ser comunicadores eficientes de nosso amor.

> Sua linguagem emocional do amor e a de seu cônjuge podem ser tão diferentes quanto o chinês é do português.

Minha conclusão, depois de trinta anos de aconselhamento conjugal, é que existem cinco linguagens emocionais do amor — cinco maneiras de as pessoas falarem e entenderem o amor emocional. No campo da linguística, uma linguagem pode ter diversos dialetos ou variações. Do mesmo modo, há muitos dialetos dentro das cinco linguagens emocionais básicas do amor. É por isso que existem artigos em revistas como "10 maneiras de fazer sua esposa saber que você a ama", "20 formas de manter seu homem em casa" ou "365 expressões de amor conjugal". Não existem 10, 20 nem 365 linguagens do amor básicas. A meu ver, existem apenas cinco. Contudo, pode haver inúmeros dialetos. A quantidade de maneiras de expressar amor com uma linguagem do amor é limitada apenas por sua imaginação. O importante é falar a linguagem do amor de seu cônjuge.

É muito raro o marido e a esposa terem a mesma linguagem emocional de amor. Nossa tendência é falarmos nossa linguagem do amor primária e ficarmos confusos quando o cônjuge não entende o que estamos comunicando. Expressamos amor, mas a mensagem não cumpre seu propósito porque, para o cônjuge, falamos uma linguagem estranha. Aí está o problema fundamental, e o propósito deste livro é oferecer uma solução. É por isso que me atrevi a escrever outro livro sobre o amor. Ao descobrirmos as cinco linguagens do amor básicas e entendermos a nossa linguagem do amor primária e a de nosso cônjuge, teremos as informações necessárias para aplicar a nosso casamento as ideias apresentadas em livros e artigos.

Assim que você identificar e aprender a falar a linguagem do amor primária de seu cônjuge, creio que terá descoberto a chave para um casamento duradouro e amoroso. O amor não precisa evaporar-se depois da cerimônia de casamento. Para que ele continue vivo, porém, a maioria de nós precisará fazer o esforço de aprender uma linguagem do amor secundária.

Não podemos confiar em nossa linguagem nativa se nosso cônjuge não a compreende. Se quisermos que o cônjuge sinta o amor que tentamos comunicar, devemos expressá-lo na linguagem do amor primária dele.

Sua vez

Complete a frase: "Haveria menos divórcios no mundo se as pessoas...".

CAPÍTULO 2

Mantenha o tanque de amor cheio

A palavra "amor" é a mais importante do nosso idioma — e também a mais confusa. Pensadores seculares e religiosos concordam que o amor desempenha um papel central na vida. Milhares de livros, músicas, revistas e filmes são inspirados por essa palavra. Diversos sistemas filosóficos e teológicos criaram um lugar de destaque para o amor.

Os psicólogos concluíram que sentir-se amado é uma necessidade emocional primária no ser humano. Por amor, subimos montanhas, cruzamos mares, atravessamos desertos e suportamos dificuldades indizíveis. Sem amor, as montanhas se tornam inacessíveis, os mares intransponíveis, os desertos insuportáveis, e as dificuldades passam a ser a sina de nossa vida.

Se somos capazes de concluir que a palavra "amor" permeia a sociedade humana, tanto na história quanto no presente, devemos concluir também que é uma palavra bastante confusa. Nós a usamos de milhares de maneiras. Dizemos "Amo cachorro-quente" e, logo em seguida, "Amo minha mãe". Falamos de atividades que amamos: nadar, cantar, caçar. Amamos objetos: comida, carros, casas. Amamos animais: cães, gatos, até lesmas de estimação. Amamos a natureza: árvores, grama, flores e o clima. Amamos pessoas: mãe, pai, filho, filha, esposa, marido, amigos. Chegamos a amar o próprio amor.

Se tudo isso já não fosse suficientemente confuso, também usamos a palavra "amor" para explicar certo tipo de comportamento: "Fiz isso porque a amo". Essa explicação é usada para todo tipo de ação. Um político se envolve num relacionamento adúltero e ele chama isso de amor. O pregador, por sua vez, chama de pecado. A esposa de um alcoólatra recolhe os cacos após a última crise do marido. Ela chama isso de amor, mas o psicólogo chama de codependência. O pai atende a todos os desejos do filho pequeno, chamando isso de amor; o terapeuta familiar chamaria de irresponsabilidade paterna. O que é, afinal, o comportamento amoroso?

O propósito deste livro não é eliminar a confusão em torno da palavra "amor", mas concentrar-se nesse sentimento que é essencial para nossa saúde emocional. Psicólogos infantis afirmam que toda criança tem necessidades emocionais básicas que devem ser satisfeitas a fim de que ela seja emocionalmente estável. Entre essas necessidades, nenhuma é tão fundamental quanto a necessidade de amor e afeição, a necessidade de pertencimento e de ser querida. Com um suprimento adequado de afeição, a criança provavelmente se transformará num adulto responsável. Sem esse amor, ela terá dificuldades emocionais e sociais.

Gostei desta metáfora desde a primeira vez que a ouvi: "Dentro de toda criança existe um 'tanque emocional' que deseja ser cheio de amor. Quando a criança se sente amada, ela se desenvolve normalmente, mas, quando o tanque está vazio, ela se comporta mal. Grande parte do comportamento inadequado das crianças tem origem em um 'tanque de amor' vazio". Ouvi essa metáfora do dr. Ross Campbell, psiquiatra especializado no tratamento de crianças e adolescentes.

Enquanto eu o ouvia, pensei nas centenas de pais que alardeiam os delitos de seus filhos em meu consultório. Não havia visualizado um tanque de amor vazio naquelas crianças até então, mas certamente conhecia suas consequências dessa carência. O mau comportamento resultava de uma busca mal orientada pelo amor que elas não sentiam. Elas buscavam o amor nos lugares errados e de formas erradas.

Lembro-me de Ashley que, aos 13 anos, se tratava de uma doença sexualmente transmissível. Seus pais estavam desolados. Ficaram irritados com Ashley e com a escola, que culpavam por ensinar sobre sexo. "Por que ela fez isso?", perguntavam-se.

Na minha conversa com Ashley, ela me falou do divórcio de seus pais quando estava com 6 anos. "Achava que meu pai tinha ido embora porque não me amava", disse ela. "Quando minha mãe se casou de novo, eu estava com 10 anos e pensei que, agora, havia alguém que a amava, mas eu ainda não tinha alguém para me amar. Queria muito ser amada. Então encontrei esse rapaz na escola. Era mais velho que eu, mas gostava de mim. Não conseguia acreditar! Ele era gentil comigo e, por algum tempo, achei realmente que alguém me amasse. Eu não queria fazer sexo, mas queria ser amada."

O "tanque de amor" de Ashley permaneceu vazio por muitos anos. Sua mãe e seu padrasto atendiam a suas necessidades físicas, mas não perceberam a profunda batalha emocional que acontecia dentro dela. Os dois certamente a amavam e acreditavam que ela sentia o amor deles. Eles só descobriram que não estavam falando a linguagem do amor primária de Ashley quando já era quase tarde demais.

A necessidade emocional de amor, contudo, não é um fenômeno exclusivo das crianças. Essa necessidade nos acompanha ao longo da vida adulta e do casamento. A experiência da paixão satisfaz temporariamente essa necessidade, mas trata-se, afinal, de um remendo e, como veremos mais adiante, é de duração limitada e prevista. Depois de descermos do topo da paixão obsessiva, a necessidade emocional de amor ressurge porque ela é fundamental à nossa natureza. Está no âmago de nossos desejos emocionais. Precisávamos de amor antes de nos apaixonarmos, e precisaremos dele enquanto vivermos.

A necessidade de nos sentirmos amados por nosso cônjuge está no cerne de nossos desejos conjugais. Certo homem me disse recentemente: "De que adianta ter casa, carros, passar férias na praia, ou seja lá o que for, se sua esposa não o ama?". Consegue entender o que ele estava realmente dizendo? "Mais que tudo, quero ser amado por minha esposa." Coisas materiais não substituem o amor humano e emocional. Certa esposa disse: "Ele me ignora o dia inteiro e, à noite, quer ir para a cama comigo. Odeio isso". Ela não é uma esposa que odeia sexo; ela é uma esposa pedindo desesperadamente amor emocional.

Precisávamos de amor antes de nos apaixonarmos, e precisaremos dele enquanto vivermos.

Nosso apelo ao amor

Alguma coisa em nossa natureza clama por sermos amados por outra pessoa. O isolamento é arrasador para a psique humana. É por isso que o confinamento é considerado a mais cruel das punições. No âmago da existência humana habita o desejo de intimidade e de ser amado. O casamento existe para saciar essa necessidade de intimidade e amor. É por esse motivo que os escritos bíblicos falam que o homem e a mulher se tornam uma só carne. Não quer dizer que os indivíduos perdem sua identidade, mas, sim, que eles entram um na vida do outro de maneira profunda e íntima.

Todavia, se o amor é importante, ele também é elusivo. Já ouvi muitos casais compartilharem sua dor secreta. Alguns chegam a mim porque a dor interna se tornou insuportável, enquanto outros vêm por perceberam que seus padrões de comportamento ou a má conduta de seu cônjuge estão destruindo o casamento. Há quem chegue simplesmente para me informar que não querem mais permanecer casados. Os sonhos de "viver felizes para sempre" colidiram com a dura parede da realidade. Ouço frequentemente as palavras: "Nosso amor acabou. Nosso relacionamento morreu. Antes nos sentíamos próximos, mas não é mais assim. Já não gostamos de estar juntos. Não satisfazemos mais as necessidades um do outro". Essas histórias comprovam que tanto adultos quanto crianças possuem "tanques de amor".

Será que, lá no fundo desses casais feridos, existe um "tanque de amor emocional" cujo indicador está no vermelho? Será que o mau comportamento, o afastamento, as palavras ríspidas e o espírito crítico ocorrem por causa desse tanque vazio? Se pudéssemos achar uma maneira de enchê-lo, será que o casamento renasceria? Será que, com o tanque cheio, os casais conseguiriam gerar um clima emocional no qual fosse possível discutir diferenças e resolver conflitos? Acaso esse tanque poderia ser a chave que faz o casamento funcionar?

Essas perguntas me levaram a uma longa jornada. Durante o caminho, encontrei as ideias simples, porém poderosas, contidas neste livro. A jornada me fez percorrer não apenas trinta anos de aconselhamento conjugal, mas me levou também ao coração e à mente de centenas de casais por todo o país. De uma ponta a outra dos Estados Unidos, casais me convidaram a entrar na intimidade de seu casamento, e ali conversamos abertamente. Os relatos apresentados neste livro foram extraídos da vida real. Os nomes e lugares, porém, foram trocados para preservar a privacidade dos indivíduos que falaram com tamanha liberdade.

Estou convencido de que manter o tanque de amor emocional abastecido é tão importante para o casamento quanto manter o nível correto de óleo num automóvel. Seguir jornada pelo casamento com um "tanque de amor" vazio pode lhe custar muito mais caro que guiar seu carro sem óleo. A obra que você está prestes a ler tem o potencial de salvar milhares de casamentos e pode também melhorar o clima emocional de um bom casamento. Seja qual for a qualidade de seu casamento neste momento, ele sempre pode ficar melhor.

> **Advertência:** Entender as cinco linguagens do amor e aprender a falar a linguagem do amor primária do seu cônjuge pode afetar radicalmente o comportamento dele. As pessoas se comportam de maneira diferente quando seu tanque de amor emocional está cheio.

Antes de examinarmos as cinco linguagens do amor, porém, devemos abordar outro fenômeno importante, mas confuso: a eufórica experiência da paixão.

Sua vez

Em algum momento você fez algo porque tinha "boas intenções" — ou seja, motivado pelo amor? O que aconteceu?

CAPÍTULO 3

A paixão

Ela apareceu em meu consultório sem marcar hora e perguntou à minha secretária se poderia conversar comigo por cinco minutos. Eu conhecia Janice havia dezoito anos. Estava com 36 e nunca se casara. De tempos em tempos, marcava horário para discutir uma questão particular referente a um de seus relacionamentos amorosos. Por natureza, era uma pessoa consciente e gentil. Portanto, era algo incomum que Janice aparecesse em meu consultório sem avisar. Pensei: "Ela deve estar numa crise terrível para vir sem marcar hora". Disse à secretária que a deixasse entrar. Estava certo de que a veria aos prantos e que me contaria alguma história trágica assim que a porta se fechasse. Em vez disso, ela praticamente deu um pulo para dentro do consultório, vibrando de alegria.

— Como está, Janice? — perguntei.

— Ótima! — disse ela. — Nunca me senti melhor em toda a minha vida. Vou me casar!

— Casar? Com quem e quando?

— Com David Gallespie, em setembro — exclamou.

— Que coisa boa! Há quanto tempo vocês estão namorando?

— Três semanas. Sei que é loucura, dr. Chapman, depois de todos os homens com que namorei e do número de vezes que cheguei perto de me casar. Nem eu mesma consigo acreditar, mas sei que David é a pessoa certa para mim. Desde o primeiro encontro, nós dois já sabíamos. É claro, não falamos sobre o assunto na primeira noite, mas uma semana depois ele me pediu em casamento. Sabia que ele ia pedir, e eu sabia que ia dizer sim. Nunca me senti assim. O senhor sabe dos relacionamentos que tive durante esses anos todos e as lutas que enfrentei. Em todo relacionamento havia algo errado. Nunca me senti firme com relação à ideia de casar com algum deles, mas desta vez sei que David é o cara certo para mim.

Nesse momento, Janice se balançava para a frente e para trás na cadeira, rindo e dizendo:

— Sei que é loucura, mas estou tão feliz. Nunca me senti tão feliz em minha vida.

O que aconteceu com Janice? Ela se apaixonou. Em sua mente, David é o homem mais maravilhoso que ela já conheceu. Ele é perfeito em todos os aspectos. Será o marido ideal. Ela pensa nele dia e noite. Questões da vida de David, como o fato de ele já ter se casado duas vezes, ser pai de três filhos e ter passado por três empregos no último ano são coisas banais para Janice. Ela está contente e convencida de que será feliz para sempre com ele. Ela está apaixonada.

A maioria de nós opta pelo casamento por meio da experiência da paixão. Encontramos alguém cujas características físicas e traços de personalidade geram um choque elétrico forte o suficiente para disparar nosso "alerta de amor". Os sinos começam a tocar, e iniciamos o processo de conhecer a pessoa. O primeiro passo pode ser um passeio numa lanchonete ou num restaurante, dependendo de nosso orçamento, mas nosso interesse real não está na comida. Estamos numa busca para descobrir o amor. "Será que essa coisa quente e arrepiante que tenho dentro de mim pode ser amor de verdade?"

Às vezes os arrepios desaparecem no primeiro encontro. Descobrimos que ele fica horas em *sites* esquisitos na internet ou que abandonou seis faculdades diferentes pela metade, e a empolgação se esvai; não queremos mais comer hambúrgueres com ele. Em outros casos, porém, os arrepios são mais fortes depois do hambúrguer do que eram antes. Damos um jeito de ter mais experiências "juntos" e, depois de pouco tempo, o nível de intensidade cresce até o ponto em que nos pegamos dizendo: "Acho que me apaixonei". Por fim, convencidos de que é "amor de verdade", contamos à outra pessoa, na esperança de que o sentimento seja recíproco. Se não for, as coisas esfriam um pouco ou redobramos nossos esforços para impressionar e, por fim, conquistar o amor do objeto amado. Quando é recíproco, começamos a discutir a ideia de casar porque todo mundo concorda que estar apaixonado é o alicerce necessário para construir um bom casamento.

A antecâmara do céu

No seu ápice, a experiência da paixão causa euforia. Ficamos emocionalmente obcecados pelo outro. Dormimos pensando na pessoa. Quando levantamos, ela é o primeiro pensamento que nos vem à mente. Desejamos estar ao seu lado. Passar tempo juntos é como brincar na antecâmara do céu. Quando estamos de mãos dadas, é como se nosso coração batesse no mesmo ritmo. Poderíamos nos beijar para sempre se não precisássemos ir à faculdade ou trabalhar. Os abraços suscitam sonhos de casamento e êxtase.

A pessoa que está apaixonada tem a ilusão de que seu amado é perfeito. As melhores amigas conseguem enxergar as falhas — a maneira que o rapaz às vezes fala com ela é um pouco incômoda — mas ela não lhe dá ouvidos. A mãe, percebendo que o rapaz não consegue manter um emprego fixo, guarda para si suas preocupações, mas faz perguntas sutis para saber quais são "os planos dele".

Nossos sonhos antes do casamento são de felicidade conjugal: "Vamos fazer um ao outro extremamente felizes. Outros casais podem discutir e brigar, mas nós seremos diferentes.

Nós nos amamos". É claro, não somos completamente ingênuos. Sabemos, em nossa mente, que um dia teremos divergências. Mas estamos certos de que discutiremos essas diferenças de maneira franca; um de nós sempre estará disposto a fazer concessões e chegaremos a um acordo. É difícil acreditar em algo diferente quando se está apaixonado.

Somos levados a acreditar que, se estivermos realmente apaixonados, a empolgação durará para sempre. Sempre teremos os maravilhosos sentimentos que temos neste momento. Nada poderá se colocar entre nós. Nada superará o amor que sentimos um pelo outro. A beleza e o charme da personalidade do outro nos arrebatou. Nosso amor é a coisa mais fantástica que já sentimos. Observamos que alguns casais parecem ter perdido esse sentimento, mas isso jamais nos acontecerá. "Talvez o sentimento deles não fosse verdadeiro", é a nossa conclusão.

Infelizmente, a experiência da paixão eterna é ficção, não um fato. A psicóloga Dorothy Tennov realizou estudos de longo prazo sobre o fenômeno da paixão. Depois de estudar um grande número de casais, ela concluiu que o tempo médio de vida da obsessão romântica é de dois anos. Se for um caso de amor secreto, pode durar um pouco mais. No final, porém, todos nós desceremos das nuvens e colocaremos os pés no chão outra vez. Nossos olhos se abrem e vemos os defeitos da outra pessoa. Seu "jeito de ser" é agora simplesmente irritante. Ele mostra sua capacidade de magoar e irritar; talvez até diga palavras duras e faça críticas pesadas. Esses pequenos traços que ignorávamos quando estávamos apaixonados agora se tornam montanhas imensas.

A realidade se intromete

Bem-vindo ao mundo real do casamento, onde sempre há fios de cabelo na pia e manchas de pasta de dente no espelho, onde as discussões giram em torno do lado pelo qual o papel higiênico deve sair e se a tampa do vaso sanitário fica aberta ou fechada. É um mundo onde sapatos não voltam sozinhos para o armário e gavetas não se fecham por conta própria, onde casacos não gostam de cabides e meias desaparecem sem aviso durante a lavagem. Nesse mundo, um olhar pode ferir e uma palavra pode machucar. Apaixonados íntimos se tornam inimigos, e o casamento se transforma num campo de batalha.

O que aconteceu com a experiência da paixão? Não passou de uma ilusão pela qual fomos levados a assinar nosso nome no final da certidão, na alegria e na tristeza. Não é de surpreender que tantos amaldiçoem o casamento e o parceiro que um dia amaram. Afinal de contas, se fomos enganados, temos o direito de ficar irritados. Será que era realmente "amor de verdade"? Acredito que sim. O problema foi a falha na informação.

A informação ruim era esta: a ideia de que a paixão obsessiva duraria para sempre. Devíamos saber disso. Uma observação casual nos mostraria que, se as pessoas permanecessem obcecadas, estaríamos todos em sérias dificuldades. As ondas de paixão se espalhariam pelas empresas, indústrias, igrejas, escolas e pelo restante da sociedade. Por quê? Porque as pessoas que estão apaixonadas perdem interesse em outros assuntos. É por isso que chamamos a paixão de "obsessão". O universitário que entra de cabeça numa paixão vê suas notas despencarem. É difícil estudar quando você está apaixonado. Amanhã é dia de prova sobre a Primeira Guerra Mundial, mas quem se importa com guerras? Quando se está apaixonado, tudo o mais parece irrelevante. Um homem me disse:

— Dr. Chapman, meu emprego está se desintegrando.

— O que você quer dizer com isso? — perguntei.

— Conheci essa moça, me apaixonei e não consigo fazer mais nada. Não consigo me manter concentrado no trabalho. Passo o dia todo pensando nela.

A euforia do estágio da paixão nos dá a ilusão de que participamos de um relacionamento íntimo. Temos a sensação de pertencer ao outro. Acreditamos ser capazes de vencer todas as dificuldades. Sentimo-nos altruístas em relação ao outro. Como disse um rapaz sobre sua noiva: "Não consigo me imaginar fazendo algo que a magoe. Meu único desejo é fazê-la feliz. Faria qualquer coisa para isso". Tal obsessão nos traz a falsa sensação de que nossas atitudes egocêntricas foram erradicadas e que nos tornamos uma espécie de Madre Teresa de Calcutá, dispostos a fazer qualquer coisa em benefício da pessoa a quem amamos. A razão de nos sentirmos tão dispostos para isso é que acreditamos sinceramente que nossa amada sente o mesmo por nós. Cremos que ela está comprometida em atender às nossas necessidades, que ela nos ama tanto quanto a amamos e que jamais faria algo para nos ferir.

Esse jeito de pensar é sempre irreal. Não é que sejamos falsos naquilo que pensamos e sentimos, mas não estamos sendo realistas. Não levamos em conta a realidade da natureza humana. Por natureza, somos egocêntricos. Nosso mundo gira em torno de nosso umbigo. Nenhum de nós é totalmente altruísta. A euforia da experiência da paixão nos dá apenas a ilusão disso.

Assim que a experiência da paixão tiver seguido seu curso natural (lembre-se de que, em média, a paixão dura cerca de dois anos), voltaremos ao mundo da realidade e começaremos a impor nossas opiniões. Ele expressará seus desejos, mas eles serão diferentes dos dela. Ele quer sexo, mas ela está muito cansada. Ele sonha em comprar um carro novo, mas ela diz com todas as letras: "Não temos condição!". Ela gostaria de visitar seus pais, mas ele diz: "Não gosto de passar tanto tempo com sua família". Pouco a pouco, a ilusão da intimidade se esvai, e os desejos, emoções e pensamentos individuais, bem como os padrões de comportamento, aparecem. Eles são indivíduos diferentes. A mente deles não se fundiu, e suas emoções se misturaram de forma apenas breve no oceano do amor. Agora, as ondas da realidade começam a separá-los. Eles caem dos píncaros da paixão e, nesse instante, ou afastam-se, separam-se, divorciam-se e partem em busca de uma nova experiência de paixão, ou começam o árduo trabalho de aprender a amar ao outro sem a euforia da obsessão típica da paixão.

Alguns casais acreditam que, ao fim da experiência da paixão, restam apenas duas opções: resignar-se a uma vida infeliz ao lado do cônjuge ou pular do barco e tentar de novo. Nossa geração adotou a segunda opção, enquanto a anterior escolheu a primeira. Antes de concluirmos automaticamente que fizemos a melhor escolha, talvez devêssemos examinar os dados. De acordo com informações de um número considerável de pesquisas, a taxa de divórcio em segundos casamentos é de pelo menos 60%, e aumenta quando há filhos envolvidos.*

As pesquisas parecem indicar que existe uma terceira e melhor alternativa: reconhecer a experiência da paixão como ela é de fato — um pico emocional temporário — e buscar o "amor real" com nosso cônjuge. Esse tipo de amor é emocional em sua natureza, mas não é obsessivo. É um amor que une razão e emoção. Implica um ato da vontade e requer disciplina, além de reconhecer a necessidade do crescimento pessoal. Nossa necessidade emocional mais básica não é a de nos apaixonarmos, mas de sermos genuinamente amados por outra pessoa, um amor que brota da razão e da opção, não do instinto. Preciso ser amado por alguém que opta por me amar, que vê em mim algo digno de ser amado.

*"The stepcouple divorce rate may be higher than we thought", Ron L. Deal. Disponível em: <www.successfulstepfamilies.com/view/176>. Acesso em 4 de abr. de 2013.

Esse tipo de amor requer esforço e disciplina. É a escolha de gastar energia num esforço para beneficiar a outra pessoa, ciente de que, se a vida dela for enriquecida por seu esforço, você também encontrará um senso de satisfação — a satisfação de ter amado genuinamente outra pessoa. Não exige a euforia da experiência da paixão. Na verdade, o amor verdadeiro não pode começar se a experiência da paixão não tiver concluído seu ciclo.

Não podemos levar o crédito pelas coisas gentis e generosas que fazemos sob a influência da "obsessão". Somos impulsionados e empurrados por uma força instintiva que vai além de nossos padrões normais de comportamento. Se, contudo, no momento em que voltarmos ao mundo real da escolha humana, optarmos por ser gentis e generosos, então isso é amor real.

Para ter saúde emocional, nossa necessidade de amor deve ser saciada. Os casados desejam sentir a afeição e o amor de seu cônjuge. Ficamos seguros quando temos a garantia de que nosso par nos aceita, nos deseja e está comprometido com nosso bem-estar. Durante o estágio da paixão, sentimos todas essas emoções. Foi maravilhoso enquanto durou. Nosso erro foi pensar que duraria para sempre.

Essa obsessão, porém, não deve durar para sempre. Na apostila do casamento, trata-se apenas da introdução. O âmago da apostila é o amor racional e volitivo. Esse é o sentimento que os sábios sempre desejaram para nós. É o amor intencional.

Essa é uma boa notícia para o casal que perdeu os sentimentos da paixão. Se o amor é uma opção, então eles têm a capacidade de amar após a obsessão da paixão ter acabado e terem voltado ao mundo real. Esse tipo de amor começa com uma atitude — um modo de pensar. Amar é uma atitude que diz: "Estou casado com você e escolho buscar seus interesses".

Então, aquele que opta por amar encontrará maneiras adequadas de expressar essa decisão.

"Mas isso parece tão sem vida", alguns podem contestar. "Amor como uma atitude com comportamento adequado? Onde estão as estrelas cadentes, os fogos de artifício, as emoções profundas? O que dizer da ansiedade da espera, do brilho nos olhos, da eletricidade de um beijo, da excitação do sexo? E quanto à segurança emocional de saber que ocupo o primeiro lugar na mente do meu cônjuge?" Este livro trata exatamente disso. Como satisfazer a profunda necessidade emocional de sentir o amor de alguém? Se aprendermos isso e optarmos por agir dessa forma, então o amor que compartilhamos será mais empolgante que qualquer coisa que já tenhamos sentido quando estávamos apaixonados.

Há muitos anos que discuto as cinco linguagens emocionais do amor em meus seminários sobre vida conjugal e em sessões de aconselhamento. Milhares de casais confirmarão a validade do que você está prestes a ler. Meus arquivos estão repletos de cartas de pessoas com quem nunca me encontrei pessoalmente, na qual dizem: "Um amigo me emprestou uma de suas fitas com palestras sobre as linguagens do amor e isso revolucionou nosso casamento. Brigávamos havia anos, tentando amar um ao outro, mas nossos esforços não atingiam o cônjuge em termos emocionais. Agora que falamos a linguagem do amor apropriada, o clima emocional de nosso casamento melhorou radicalmente".

Quando o tanque de amor emocional de seu cônjuge estiver cheio e ele se sentir seguro de seu amor, o mundo inteiro brilhará e seu cônjuge sairá em busca do seu mais elevado potencial na vida. Quando, porém, o tanque de amor está vazio e ele se sente usado, em vez de amado, o mundo parecerá escuro e ele provavelmente nunca alcançará seu potencial de gerar bem no mundo. Nos próximos cinco capítulos explicarei as cinco linguagens emocionais do amor e então, no capítulo 9, ilustrarei como o fato de descobrir a linguagem do amor primária de seu cônjuge torna seus esforços de amor muito mais produtivos.

Sua vez

Relembre o momento de seu casamento em que a "realidade" entrou em cena e os sentimentos românticos iniciais desapareceram. Isso afetou seu relacionamento? Para melhor ou para pior?

Palavras de afirmação

Tempo de qualidade

Presentes

Atos de serviço

Toque físico

CAPÍTULO 4

Primeira linguagem do amor: Palavras de afirmação

Mark Twain disse certa vez: "Posso viver dois meses com apenas um bom elogio". Se levarmos ao pé da letra as palavras de Twain, seis elogios por ano manteriam seu tanque de amor emocional em nível operacional. Seu cônjuge provavelmente precisará de mais.

Uma maneira de expressar o amor emocional é usar palavras que edificam. Salomão, autor da literatura hebraica de sabedoria, escreveu: "A língua tem poder sobre a vida e sobre a morte" (Provérbios 18.21). Muitos casais desconhecem o tremendo poder de uma afirmação verbal. Salomão também percebeu isto: "O coração ansioso deprime o homem, mas uma palavra bondosa o anima" (Provérbios 12.25).

Elogios verbais, ou palavras de apreciação, são poderosos comunicadores de amor. São melhores expressos em declarações simples e diretas de afirmação como:

"Você fica muito bem com esse terno!"

"Você fica linda nesse vestido! Uau!"

"Fico muito feliz por você sempre chegar na hora para me pegar no trabalho."

"Obrigado por chamar uma babá para hoje à noite. Quero que saiba que sou muito grata por essas atitudes."

"Adoro o fato de você ser tão responsável. Sinto que posso contar com você."

O que aconteceria com o clima emocional de um casamento se o marido e a esposa ouvissem tais palavras de afirmação com regularidade?

Vários anos atrás, estava em meu consultório com a porta aberta. Uma senhora que passava pelo corredor disse:

— O senhor tem um minuto?

— Claro. Entre, por favor.

Ela se sentou e disse:

— Dr. Chapman, tenho um problema. Não consigo fazer meu marido pintar nosso quarto. Estou atrás dele há nove meses. Já tentei de tudo, mas nada funciona.

Meu primeiro pensamento foi: "Minha cara, a senhora está no lugar errado. Não sou pintor". Mas eu disse:

— Fale-me sobre isso.

Ela explicou:

— Bem, sábado passado é um bom exemplo. O senhor se lembra como o dia estava bonito? Sabe o que meu marido fez o dia inteiro? Ficou atualizando o computador!

— Certo, e o que você fez?

— Entrei em casa e disse: "Dan, não entendo você. Hoje seria um dia perfeito para pintar o quarto, e aqui está você, trabalhando no computador".

— Aí ele saiu e foi pintar o quarto?

— Que nada, o quarto está na mesma. Não sei o que fazer.

— Posso fazer uma pergunta? Você é contra computadores?

— Não, mas quero que pintem meu quarto.

— Você tem certeza de que seu marido sabe do seu desejo de que ele pinte o quarto?

— Eu sei que ele sabe. Estou atrás dele há nove meses.

— Posso fazer mais uma pergunta? Seu marido já fez alguma coisa boa?

— Como o quê?

— Bem, como levar o lixo para fora, tirar os insetos presos no para-brisa do carro que você dirige, encher o tanque, pagar a conta de luz ou pendurar seu casaco.

— Sim, ele faz algumas dessas coisas.

— Então tenho duas sugestões. Uma, não fale mais nada sobre o quarto. Na verdade, nem sequer mencione o assunto novamente.

— Não vejo como isso vai ajudar.

— Olhe, você acabou de me dizer que ele sabe que seu desejo é que o quarto seja pintado. Não precisa mais lhe dizer isso. Ele já sabe. Minha segunda sugestão é que, na próxima vez que seu marido fizer alguma coisa boa, faça um elogio. Se ele levar o lixo para fora, diga: "Dan, saiba que fico muito grata por você levar o lixo para fora". Não diga: "Já era hora de fazer isso. As moscas estavam prestes a carregá-lo por você". Ao vê-lo pagando a conta de luz, coloque a mão no ombro dele e diga: "Dan, fico feliz por você pagar a conta de luz. Escuto por aí que há maridos que não fazem isso, e quero que saiba que admiro sua atitude". Ou então: "Fiquei contente por você tomar conta das crianças enquanto eu precisava terminar aquele projeto". Toda vez que ele fizer algo bom, faça um elogio.

— Não entendo como isso vai fazê-lo pintar o quarto.

Eu disse:

— Você pediu o meu conselho. Está aí. Fique livre para aceitá-lo.

Ela não estava muito contente comigo quando saiu. Três semanas depois, porém, voltou ao consultório e disse:

— Funcionou!

Ela havia descoberto que os elogios são motivadores muito melhores que palavras importunas.

Não estou sugerindo que você use de bajulação para obter o que deseja de seu cônjuge. O objetivo do amor não é conseguir o que você quer, mas fazer algo pelo bem-estar daquele a quem ama. É um fato, porém, que, ao recebermos palavras afirmativas, há uma maior possibilidade de nos motivarmos a retribuir e fazer algo que nosso cônjuge deseja.

Palavras encorajadoras

O elogio é apenas uma das maneiras de expressar palavras de afirmação ao cônjuge. Outra possibilidade são as palavras encorajadoras. A palavra "encorajar" significa "inspirar coragem". Há áreas em nossa vida nas quais nos sentimos inseguros. Carecemos de coragem, e essa falta nos impede de realizar as coisas positivas que gostaríamos. O potencial latente do seu cônjuge nessas áreas de insegurança pode estar à espera de suas palavras encorajadoras.

O potencial latente do seu cônjuge nessas áreas de insegurança pode estar à espera de suas palavras encorajadoras.

Allison sempre gostou de escrever. No final da faculdade, fez algumas disciplinas na área de jornalismo. Percebeu rapidamente que seu entusiasmo em escrever excedia em muito seu interesse em História, curso em que estava se formando. Era tarde para mudar de graduação, mas depois da faculdade, e especialmente antes do primeiro filho, ela escreveu vários artigos. Apresentou um deles a uma revista, mas, quando recebeu uma carta de rejeição, nunca mais teve coragem de enviar material a outra redação. Agora que os filhos estavam maiores e havia mais tempo disponível, Allison voltou a escrever.

Keith, o marido de Allison, deu pouca atenção aos textos da esposa nos primeiros anos do casamento. Sempre ocupado com a própria carreira, estava obcecado com a pressão de subir na escada corporativa. Com o tempo, porém, Keith percebeu que o profundo sentido da vida de sua esposa não estava nas realizações, mas nos relacionamentos. Ele aprendeu a dar mais atenção a Allison e a seus interesses. Assim, foi com bastante naturalidade que, certa noite, ele pegou um dos artigos de Allison e o leu. Quando terminou, foi até a sala onde a esposa lia um livro. Com grande entusiasmo, disse:

— Detesto interromper sua leitura, mas preciso dizer algo. Acabei de ler seu artigo, "Aproveite ao máximo os feriados". Allison, você é uma excelente escritora. Esse negócio precisa ser publicado! Você escreve com clareza. As palavras retratam imagens que posso visualizar. Seu estilo é fascinante. Você precisa enviar este artigo para alguma revista.

— Acha mesmo? — perguntou Allison, hesitante.

— Tenho certeza que sim! — disse Keith. — Estou dizendo, isto é bom.

Quando Keith saiu da sala, Allison não conseguiu retomar sua leitura. Com o livro fechado sobre seu colo, ela sonhou por meia hora com o que seu marido dissera. Imaginou se outros reagiriam a seu texto como ele reagira. Lembrou-se da carta de rejeição que recebera anos atrás, mas concluiu que era uma nova pessoa agora. Seus textos eram melhores. Ela passara por novas experiências. Antes de levantar-se da cadeira para beber um copo d'água, Allison já havia tomado uma decisão. Apresentaria seus artigos a algumas revistas, para saber se havia a chance de serem publicados.

As palavras encorajadoras de Keith foram ditas muitos anos atrás. Allison teve vários artigos publicados desde então, e agora tem um contrato para escrever um livro. É uma excelente autora, mas foram necessárias as palavras encorajadoras de seu marido para inspirá-la a dar o primeiro passo no árduo processo de publicar um artigo.

Talvez seu cônjuge tenha algum potencial não aproveitado em uma ou mais áreas da vida. Esse potencial pode estar à espera de suas palavras encorajadoras. Talvez ele precise se inscrever num curso para desenvolver essa capacidade. Talvez precise se encontrar com alguém bem-sucedido na área, que ofereça alguns *insights* sobre os próximos passos. Suas palavras podem dar ao cônjuge a coragem necessária para dar esse primeiro passo.

Perceba, por favor, que não estou falando de pressionar o cônjuge a fazer algo que *você* quer. Estou falando de encorajá-lo a desenvolver um interesse que *ele* já tem. Por exemplo: uma esposa pode pressionar o marido a procurar um emprego que pague melhor. A esposa acha que está encorajando o marido, mas, para ele, parece mais uma crítica. Se, contudo, ele já tiver o desejo e a motivação de buscar uma posição melhor, as palavras dela darão um impulso à determinação dele. Do contrário, soarão como censura e induzirão à culpa. Não expressam amor, mas rejeição.

Se, no entanto, ele disser: "Sabe, estou pensando em fazer uns serviços extras como pedreiro", eis a oportunidade de dar palavras de encorajamento, do tipo: "Se você decidir fazer isso, uma coisa é certa: você será um sucesso. Essa é uma das coisas que gosto em você. Quando se propõe a fazer algo, você faz. Se é isso que deseja fazer, farei tudo ao meu alcance para ajudá-lo". Tais palavras lhe darão a coragem para montar uma lista de clientes em potencial.

O encorajamento exige certa empatia, um olhar para o mundo a partir da perspectiva do cônjuge. Em primeiro lugar, descubra o que é importante para ele. Somente então é que podemos encorajá-lo. Com o encorajamento verbal, tentamos comunicar o seguinte: "Eu sei e me importo. Estou do seu lado. Como posso ajudá-lo?". Tentamos mostrar que acreditamos nele e em suas capacidades. Damos o crédito e elogiamos.

A maioria de nós tem mais potencial do que imagina. No geral, o que nos impede é a falta de coragem. Um cônjuge amoroso pode fornecer esse importante catalisador. É claro, talvez não seja fácil para você expressar palavras de encorajamento. Talvez não seja sua linguagem do amor primária. Pode ser que o aprendizado dessa segunda linguagem exija muito esforço de sua parte. Isso será particularmente verdadeiro se você possuir um padrão de palavras críticas ou ofensivas, mas posso garantir que o esforço valerá a pena.

Palavras gentis

O amor é gentil. Se quisermos comunicar o amor verbalmente, devemos usar palavras gentis. Isso tem a ver com nossa maneira de falar. A mesma frase pode ter dois significados diferentes, dependendo de como ela é dita. A declaração "Eu amo você", dita com gentileza e ternura, pode ser uma genuína expressão de amor. Mas o que dizer de "Eu amo você?" O ponto de interrogação muda todo o sentido. Às vezes as palavras dizem uma coisa, mas o tom de voz diz outra. Enviamos mensagens ambíguas. Nosso cônjuge normalmente interpreta a mensagem com base em nosso tom de voz, não de acordo com as palavras que usamos.

"Adoraria lavar a louça hoje à noite", dito num tom de reclamação, não será recebido como expressão de amor. Por outro lado, podemos compartilhar dor, mágoa e até raiva de maneira gentil, e será uma expressão de amor. A frase "Fiquei decepcionada e magoada por você não se oferecer para me ajudar esta noite", dita de maneira honesta e gentil, pode ser uma expressão de amor. A pessoa que fala quer ser conhecida por seu cônjuge. Ao compartilhar seus sentimentos, ela dá passos para construir intimidade. Está pedindo uma oportunidade de discutir uma ferida com o propósito de encontrar cura. As mesmas palavras, expressas em voz alta e dura, não serão uma expressão de amor, mas, sim, de censura e julgamento.

Nossa maneira de falar é muito importante. Um sábio da Antiguidade disse certa vez: "A resposta calma desvia a fúria" (Provérbios 15.1). Quando seu cônjuge estiver irritado e chateado, dizendo palavras agressivas, se você optar por ser amoroso, não responderá com raiva adicional, mas com uma voz suave. Receba o que ele disser como uma informação sobre os sentimentos dele. Deixe-o falar sobre a dor, a ira e a percepção que ele tem da situação. Procure se colocar no lugar dele e enxergar as coisas através de seus olhos e, então, expresse de maneira suave e gentil sua opinião a respeito dos sentimentos dele. Se você cometeu alguma falha, confesse o erro e peça perdão. Se seu ponto de vista for diferente do dele, explique sua percepção de maneira gentil. Busque o entendimento e a reconciliação, em vez de impor sua percepção pessoal como a única maneira lógica de interpretar a situação. Assim é o amor maduro, o sentimento que buscamos se quisermos ter um casamento saudável.

O amor não mantém uma lista de erros cometidos. O amor não desenterra falhas do passado. Ninguém é perfeito. No casamento, nem sempre fazemos o melhor ou a coisa certa. Houve momentos em que fizemos e dissemos coisas dolorosas a nosso cônjuge. Não podemos apagar o passado, mas apenas confessá-lo e concordar que houve erros. Podemos pedir perdão e tentar agir diferente no futuro. Depois de confessar o erro e pedir perdão, não posso fazer mais nada para atenuar a dor causada a meu cônjuge. Quando eu for vítima de um erro de meu cônjuge e ele confessar dolorosamente e pedir perdão, tenho duas opções: justiça ou perdão. Se escolher a justiça e tentar retribuir ou fazê-lo pagar pelo erro, assumirei o papel de juiz, e meu cônjuge, de criminoso. A intimidade se torna impossível. Mas, se eu optar pelo perdão, a intimidade pode ser restaurada. O perdão é o caminho do amor.

Fico surpreso ao perceber quantos indivíduos confundem o hoje com o ontem. Eles insistem em trazer para o presente os erros do passado e, ao fazê-lo, poluem um dia potencialmente maravilhoso. "Não acredito no que você fez. Acho que nunca vou me esquecer disso. Você nem imagina quanto me machucou. Não sei como você consegue ficar aí tão convencido depois de me tratar daquele jeito. Você deveria estar de joelhos, implorando meu perdão. Não sei se conseguirei perdoá-lo". Essas não são palavras de amor, mas de amargura, ressentimento e vingança.

A melhor coisa que podemos fazer com os erros do passado é deixar que eles se tornem história. Sim, aconteceu. Com certeza machucaram. E ainda podem machucar, mas ele reconheceu seu erro e pediu perdão. Não é possível apagar o passado, mas podemos aceitá-lo como história de vida. Podemos optar por viver hoje livres dos erros de ontem. O perdão não é um sentimento; é um compromisso. É a opção de mostrar misericórdia, de não responder à ofensa daquele que ofendeu. O perdão é uma expressão de amor. "Eu amo você. Eu me importo com você e escolho perdoá-lo. Embora meus sentimentos de dor durem algum tempo, não permitirei que o que aconteceu se interponha entre nós. Espero que possamos aprender com a experiência. Você não é um fracassado por ter cometido um erro. Você é meu cônjuge e, juntos, seguiremos em frente." Essas são palavras de afirmação expressas no dialeto das palavras gentis.

Fico surpreso ao perceber quantos indivíduos confundem o hoje com o ontem.

Palavras humildes

O amor faz pedidos, não exigências. Quando exijo coisas de minha esposa, torno-me pai, e ela passa a ser minha filha. É o pai que diz ao filho de 3 anos o que ele precisa fazer e, na verdade, o que ele deve fazer. Isso é necessário, porque uma criança de 3 anos ainda não sabe como navegar nas traiçoeiras águas da vida. No casamento, porém, somos parceiros iguais e adultos. É claro que não somos perfeitos, mas continuamos sendo adultos e parceiros. Se quisermos desenvolver um relacionamento íntimo, precisamos conhecer os desejos do outro. Se quisermos nos amar, precisamos saber o que a outra pessoa deseja.

Nossa maneira de expressar esses desejos, porém, é algo muito importante. Se eles forem entendidos como exigências, eliminamos a possibilidade de intimidade e afastamos nosso cônjuge. Se, porém, expressarmos nossas necessidades e desejos na forma de um pedido, damos orientação, não decretos. O marido que diz: "Você poderia cozinhar aquele macarrão delicioso uma noite dessas" está dando à esposa uma orientação sobre como amá-lo e, assim, construir intimidade. Em contrapartida, o marido que diz: "Será que é impossível ter uma refeição decente por aqui?" age como adolescente, faz uma exigência, e sua esposa provavelmente responderá com algo como: "Tudo bem, então você cozinha!". A esposa que diz: "Você acha que daria para limpar as calhas esta semana?" expressa amor ao fazer um pedido. Mas a esposa que diz: "Se você não limpar logo essas calhas, elas vão cair do telhado. Há galhos brotando delas!" colocou um fim no amor e tornou-se uma esposa dominadora.

Ao fazer um pedido a seu cônjuge, você afirma o valor e as capacidades dele. Em essência, está indicando que ele tem algo ou pode fazer alguma coisa que é significativa e valiosa para você. Contudo, ao fazer exigências, você deixa de ser um parceiro e se torna um tirano. Seu cônjuge não se sentirá apoiado, mas menosprezado. O pedido introduz o elemento da escolha. Seu parceiro pode optar por responder ao pedido, porque amar é sempre uma escolha. É isso que torna o amor tão significativo. Saber que meu cônjuge me ama o suficiente para responder a um dos meus pedidos comunica emocionalmente que ele se importa comigo, me respeita, me admira e quer fazer algo para me agradar. Não é possível alcançar o amor emocional por meio de exigências. Meu cônjuge pode, de fato, ceder às minhas exigências, mas isso não é uma expressão de amor; é um ato de medo, de culpa ou de algum outro sentimento, mas não de amor. Assim, o pedido cria a possibilidade de expressar amor, enquanto a exigência sufoca essa possibilidade.

Outras maneiras de afirmar

Palavras de afirmação são uma das cinco linguagens básicas do amor. Nessa linguagem, porém, existem vários dialetos. Já discutimos alguns deles, mas existem muitos outros. Livros e artigos foram escritos sobre o assunto. Todos os dialetos têm em comum o uso de palavras para transmitir afirmação ao cônjuge. Para o psicólogo William James, é bem possível que a mais profunda necessidade humana seja a de sentir-se apreciado. As palavras de afirmação satisfazem essa necessidade em muitas pessoas. Se você não é uma pessoa habituada a usar palavras, se essa não é a sua linguagem do amor primária, mas acha que pode ser a do seu cônjuge, sugiro que você mantenha um caderno ou um bloco de notas e lhe dê o nome de "Palavras de Afirmação". Quando ler um artigo ou um livro sobre amor, registre as palavras de afirmação que encontrar. Quando ouvir uma palestra sobre amor ou escutar um amigo dizendo algo positivo sobre outra pessoa, tome nota. Com o tempo você terá uma ótima lista de palavras para usar na comunicação do amor a seu cônjuge.

Talvez você queira usar palavras indiretas de afirmação, isto é, dizer coisas positivas sobre seu cônjuge quando ele não estiver presente. Em algum momento, alguém contará a ele, e você levará todo o crédito pelo amor. Diga à mãe de sua esposa que a filha dela é ótima. Quando sua sogra contar a ela o que você disse, o elogio será ampliado e você receberá ainda mais crédito. Também faça elogios a seu cônjuge na frente de outras pessoas quando ele não estiver presente. Ao receber honraria pública por alguma realização, não deixe de dividir o crédito com seu cônjuge. Você também pode praticar o ato de escrever palavras de afirmação. As palavras escritas têm o benefício de poder ser lidas repetidas vezes.

Aprendi uma importante lição sobre palavras de afirmação e linguagens do amor anos atrás na cidade de Little Rock, Arkansas. Visitei Bill e Betty Jo num lindo dia de primavera. Eles viviam numa linda casa, com uma cerca branca de madeira, gramado verde e flores silvestres a desabrochar. Uma paisagem idílica. No interior da casa, porém, descobri que o lirismo havia acabado. O casamento estava em ruínas. Doze anos e dois filhos depois da cerimônia matrimonial, eles se perguntavam por que afinal haviam se casado. Pareciam discordar de tudo. A única coisa com que concordavam de fato era o amor que ambos sentiam pelos filhos. Conforme relatavam a história, percebi que Bill era viciado em trabalho e reservava muito pouco tempo para a esposa, Betty Jo. Ela trabalhava meio período, basicamente para poder sair de casa. O método do casal para lidar com as coisas era o afastamento. Tentaram se afastar um do outro para que os conflitos não parecessem tão grandes. Mas o ponteiro no tanque de amor de ambos estava no vermelho.

Disseram-me que fizeram terapia conjugal, mas aparentemente não houve muito progresso. Participavam do meu seminário sobre casamento, e eu iria embora no dia seguinte.

Aquele provavelmente seria meu único encontro com Bill e Betty Jo. Decidi pôr as cartas na mesa.

Passei uma hora com cada um, separadamente. Ouvi com atenção a história de ambos. Descobri que, apesar do vazio de seu relacionamento e de suas muitas discordâncias, eles apreciavam certas coisas um no outro. Bill reconheceu:

— Ela é uma boa mãe. Também é uma boa dona de casa e uma excelente cozinheira, quando resolve cozinhar. Mas ela não expressa afeto algum. Trabalho sem parar e não sinto nenhuma apreciação da parte dela.

Em minha conversa com Betty Jo, ela concordou que Bill era um excelente provedor. Contudo, disse:

— Mas ele não me ajuda em nada em casa e nunca tem tempo para mim. De que adianta ter uma casa, um carro para viajar e tudo o mais se não há tempo para desfrutar deles?

Com essas informações, decidi concentrar meu aconselhamento em uma única sugestão a cada um. Disse a Bill e a Betty Jo, separadamente, que cada um deles tinha a chave para mudar o clima emocional do casamento: "A chave é expressar apreciação pelas coisas de que você gosta nele (nela) e, por ora, suspender as reclamações por aquilo que não agrada". Repassamos os comentários positivos que fizeram a respeito do outro e ajudei-os a escrever uma lista das características positivas. A lista de Bill se concentrou nas atividades de Betty Jo como mãe, dona de casa e cozinheira. A lista de Betty Jo focou o trabalho duro de Bill e sua provisão financeira à família. Fizemos as listas da maneira mais específica possível.

Eis a lista de Betty Jo:

- Ele não perdeu um dia sequer de trabalho nos últimos doze anos.
- É um trabalhador dedicado.

- Recebeu várias promoções ao longo dos anos.
- Sempre pensa em maneiras de aperfeiçoar sua produtividade.
- Paga as prestações da casa todo mês.
- É um bom administrador financeiro.
- Comprou um carro de viagem para a família três anos atrás.
- Mantém o jardim em ordem ou contrata alguém para fazer o serviço.
- É generoso com as finanças.
- Coloca o lixo para fora sempre que necessário.
- Concorda que eu use meu salário como desejar.

E a lista de Bill:

- Ela arruma as camas todos os dias.
- Mantém a casa limpa e arrumada.
- Prepara um bom café da manhã para as crianças todos os dias.
- Prepara o jantar cerca de três vezes por semana.
- Faz as compras de supermercado.
- Ajuda as crianças a fazerem suas tarefas escolares.
- Leva as crianças para a escola e para as atividades da igreja.
- Dá aulas para crianças pequenas na escola dominical.
- Lava e passa as roupas da família.

Sugeri que adicionassem à lista coisas que percebessem nas semanas seguintes. Também sugeri que, duas vezes por semana, escolhessem uma atitude positiva e a elogiassem para o cônjuge. Dei uma orientação adicional. Disse a Betty Jo que, caso Bill a elogiasse, ela não deveria retribuir com outro elogio, mas simplesmente recebê-lo e dizer: "Obrigado por dizer isso". Dei a mesma orientação a Bill. Incentivei-os a agir assim durante dois meses e, se considerassem útil, poderiam continuar. Se a experiência não ajudasse o clima emocional do casamento, então eles poderiam descartá-la como outra tentativa fracassada.

No dia seguinte, entrei no avião e voltei para casa. Marquei na agenda para telefonar ao casal dali a dois meses para saber o que havia acontecido. Quando liguei, no meio do verão, pedi para falar com cada um individualmente. Fiquei surpreso ao notar que Bill dera vários passos adiante. Ele havia imaginado que eu dera a Betty Jo o mesmo conselho que dera a ele, mas não viu problema nisso. Na verdade, ele adorou. Ela agora expressava apreço por seu esforço no trabalho e por ele sustentar a família. "Ela realmente me fez sentir um homem de novo. Temos muito a caminhar, dr. Chapman, mas acredito de verdade que estamos no caminho certo."

Quando conversei com Betty Jo, porém, descobri que ela deu apenas alguns passos à frente. Ela disse: "As coisas melhoraram um pouco, dr. Chapman. Bill me elogia, como o senhor sugeriu, e acredito que ele é sincero. Mas ele ainda não passa tempo comigo. Continua tão ocupado com o trabalho que quase nunca passamos tempo juntos".

Conversando com Betty Jo, me dei conta de ter feito uma descoberta significativa. A linguagem do amor de uma pessoa não é necessariamente a linguagem do amor da outra. Estava óbvio que a linguagem do amor primária de Bill eram palavras de afirmação. Era esforçado no trabalho e gostava do emprego, mas seu maior desejo era que a esposa expressasse apreciação por seu trabalho. Esse padrão provavelmente se estabeleceu ainda na infância, e a necessidade de elogios permanecia importante em sua vida adulta. Betty Jo, por outro lado, clamava emocionalmente por outra coisa. Isso nos leva à segunda linguagem do amor.

Sua vez

Compartilhe com seu cônjuge momentos em que as palavras causaram impacto profundo na vida de vocês, tanto positivo quanto negativo.

Se a linguagem do amor do seu cônjuge são PALAVRAS DE AFIRMAÇÃO:

1. Para não esquecer que a linguagem do amor primária do seu cônjuge são palavras de afirmação, imprima as frases a seguir num cartão de 10 x 15 e coloque-o no espelho ou em algum outro lugar que você veja diariamente:
   As palavras são importantes!
   As palavras são importantes!
   As palavras são importantes!
2. Durante uma semana, registre por escrito todas as palavras de afirmação ditas diariamente a seu cônjuge.
   Na segunda-feira eu disse:
   "Você caprichou nessa refeição."
   "Você fica muito bem com essa roupa."
   "Fiquei feliz por você ter levado as crianças para a escola."
   Na terça-feira eu disse... E assim por diante.
   Você pode se surpreender, para o bem ou para o mal, com sua maneira de expressar palavras de afirmação.
3. Estabeleça o objetivo de fazer a seu cônjuge um elogio diferente a cada dia durante um mês. Se é verdade que "uma maçã por dia traz saúde e alegria", talvez um elogio diário mantenha a saúde conjugal em ordem. (Se preferir, registre esses elogios para não repeti-los.)
4. Enquanto assiste à televisão, lê ou escuta conversa de outras pessoas, repare nas palavras de afirmação usadas.

Anote-as num caderno ou mantenha um registro eletrônico. Leia as declarações periodicamente e escolha aquelas que você poderia usar com seu cônjuge. Quando usar uma delas, anote a data. Seu caderno de anotações pode se tornar seu livro de amor. Lembre-se: as palavras são importantes, e muito!

5. Escreva uma carta, um parágrafo ou uma frase amorosa a seu cônjuge e entregue a ele discretamente ou com estardalhaço! Quem sabe um dia você encontre a carta guardada em algum lugar especial. As palavras são importantes!
6. Elogie seu cônjuge na presença dos pais ou dos amigos dele. Você receberá crédito duplo: seu cônjuge se sentirá amado e os pais dele se sentirão felizes por ter um genro ou uma nora tão admirável.
7. Procure pontos fortes de seu cônjuge e diga-lhe quanto você aprecia essas qualidades. Existem grandes chances de que ele venha a se esforçar para viver de acordo com essa reputação.
8. Diga a seus filhos que excelente pessoa o pai ou a mãe deles é. Faça isso tanto na presença quanto na ausência de seu cônjuge.

Palavras de afirmação

Tempo de qualidade

Presentes

Atos de serviço

Toque físico

CAPÍTULO 5

Segunda linguagem do amor: Tempo de qualidade

Eu deveria ter percebido qual era a linguagem do amor primária de Betty Jo desde o início. O que ela estava dizendo naquele dia de primavera quando fiz uma visita a ela e a Bill em Little Rock? "Bill é um bom provedor, mas ele não passa tempo comigo. De que adianta ter todas essas coisas se nem mesmo conseguimos desfrutá-las juntos?" Qual era o desejo de Betty? Tempo de qualidade com Bill. Ela queria a atenção dele. Queria que ele se concentrasse nela, que lhe desse tempo, que fizessem coisas juntos.

Ao usar a expressão "tempo de qualidade", refiro-me a dar atenção completa a alguém. Não me refiro a sentar no sofá e assistir à televisão juntos. Quando você passa tempo dessa maneira, quem recebe sua atenção é o apresentador do programa, não o cônjuge. Quero dizer sentar-se no sofá com a televisão desligada, conversando de frente para o outro, com atenção mútua. Significa sair para passear, só vocês dois, ou quem sabe comer fora, olhos nos olhos, e conversar. Já notou que, num restaurante, é quase sempre perceptível a diferença entre namorados e casados? Casais de namorados olham nos olhos um do outro e conversam. Já os casados sentam-se ali e ficam olhando em volta do restaurante. É nítida a impressão de que eles foram até lá apenas para comer!

Quando me sento com minha esposa e lhe dou vinte minutos de minha total atenção, e ela a mim, oferecemos ao outro vinte minutos de nossa vida individual. Nunca mais teremos aqueles vinte minutos de novo; estamos entregando parte de nossa existência ao outro. Esse é um poderoso comunicador do amor.

Um remédio não é capaz de curar todas as doenças. Cometi um erro grave no meu aconselhamento a Bill e Betty Jo. Presumi que as palavras de afirmação seriam tão significativas para ela quanto para ele. Esperava que, se cada um fizesse a afirmação verbal adequada, o clima emocional mudaria e ambos se sentiriam amados. Funcionou para Bill. Ele passou a se sentir mais positivo em relação à esposa. Começou a receber apreciação genuína por seu esforço no trabalho, mas não funcionou tão bem para Betty Jo, pois palavras de afirmação não eram sua linguagem do amor primária. Sua linguagem era tempo de qualidade.

Peguei o telefone mais uma vez e agradeci a Bill por seus esforços nos últimos dois meses. Disse-lhe que ele fizera um excelente trabalho de afirmação verbal com Betty Jo e que ela ouvira suas declarações. Ele, porém, respondeu:

— Mas, dr. Chapman, minha esposa ainda não está feliz. Não acredito que as coisas melhoraram muito para ela.

— Você está certo — respondi. — Acho que sei a razão disso. O problema é que sugeri a linguagem do amor errada.

Bill não fazia a menor ideia do que eu estava dizendo. Expliquei que os motivos de alguém se sentir amado nem sempre são os mesmos da outra pessoa.

Ele concordou que sua linguagem eram palavras de afirmação. Disse-me que era algo importante para ele desde a infância e que se sentia bem quando Betty Jo demonstrava apreciação pelas coisas que ele fazia. Expliquei que a linguagem de Betty Jo não eram palavras de afirmação, mas, sim, tempo de qualidade. Apresentei o conceito de dar ao cônjuge atenção completa — não conversar enquanto lê o jornal ou assiste à televisão, mas olhar nos olhos, dedicar atenção plena, fazer com a pessoa algo de que ela gosta, e fazê-lo de coração.

— Como acompanhá-la a um concerto de música clássica — disse Bill. Pude ver que luzes se acendiam em Little Rock.

— Dr. Chapman, é disso que ela sempre reclamou. Não faço coisas com ela, não passo tempo ao seu lado. Ela vive dizendo que íamos a lugares e fazíamos coisas juntos antes de nos casarmos, mas agora ando ocupado demais. Não há dúvida de que essa é a linguagem do amor dela. Mas o que devo fazer? Meu trabalho exige muito de mim.

— Fale-me sobre seu trabalho — pedi.

Durante os dez minutos seguintes, ele me contou a história de sua ascensão profissional, de como havia se esforçado e se orgulhava de suas realizações. Falou-me de seus sonhos para o futuro e que, a seu ver, chegaria ao posto desejado nos próximos cinco anos.

Então eu lhe perguntei:

— Você quer chegar lá sozinho ou com a companhia de Betty Jo e de seus filhos?

— Quero que eles estejam comigo, dr. Chapman. Quero que Betty desfrute disso ao meu lado. É por isso que sempre fico magoado quando ela me critica por passar muito tempo no trabalho. Faço isso tudo por nós. Quero que ela faça parte disso, mas ela é sempre tão negativa.

— Você está percebendo por que ela é tão negativa, Bill? A linguagem do amor dela é tempo de qualidade. Você lhe dedica tão pouco tempo que o tanque de amor dela está vazio. Ela não sente segurança em seu amor. Assim, ela desconta naquilo que, na mente dela, rouba-lhe o tempo, ou seja, seu emprego. Ela não odeia de verdade o seu trabalho. Ela odeia o fato de sentir tão pouco amor de sua parte. Existe apenas uma solução, Bill, e ela custa alto. Você precisa reservar tempo para Betty Jo. Precisa amá-la com a linguagem do amor correta.

— O senhor está certo, dr. Chapman. Então, por onde eu começo?

— Você está com o caderno à mão? Aquele em que fez uma lista das atitudes positivas de Betty Jo?

— Sim, está bem aqui.

— Ótimo. Vamos fazer outra lista. Que coisas, em sua opinião, Betty Jo gostaria que vocês fizessem juntos? Pense em coisas que ela já mencionou ao longo dos anos.

Eis a lista de Bill:

- Passar finais de semana nas montanhas (às vezes com os filhos, outras vezes só nós dois).
- Almoçar com ela (em um restaurante fino ou às vezes até mesmo no McDonald's).
- Chamar uma babá para cuidar das crianças e sair para jantar, só nós dois.
- Chegar em casa à noite, sentar e conversar com ela sobre meu dia e ouvir o que ela tem a dizer sobre o dia dela. (Ela não quer que eu veja televisão enquanto conversamos.)
- Passar tempo conversando com os filhos sobre as experiências que tiveram na escola.
- Brincar com as crianças.
- Fazer um piquenique com ela e as crianças no sábado sem reclamar das formigas e das moscas.
- Tirar férias com a família pelo menos uma vez por ano.
- Sair para caminhar juntos e conversar.

Por fim, ele disse:

— São essas as coisas que ela mencionou no decorrer dos anos.

— Você sabe o que vou sugerir, não é?

— Praticar a lista.

— Isso mesmo. Um item por semana, pelos próximos dois meses. Onde encontrar tempo? Arranje algum jeito. Você é um homem inteligente. Não estaria onde está se não soubesse tomar decisões. Você é capaz de planejar sua vida e incluir Betty Jo em seus planos.

— Eu sei. Consigo fazer isso.

— E, Bill, isso não tem a ver com diminuir seus objetivos vocacionais. Significa apenas que, quando chegar ao topo, Betty Jo e seus filhos estarão lá com você.

— Isso é o que eu mais desejo. Se eu chegar ao topo ou não, quero que ela esteja feliz, e quero desfrutar a vida com ela e nossos filhos.

Os anos se passaram. Bill e Betty Jo chegaram ao topo e desceram, mas o importante é que fizeram isso juntos. Os filhos deixaram o ninho, e o casal acredita que vive agora os melhores anos da vida. Bill se tornou um ávido fã de música clássica, e Betty Jo mantém uma lista interminável em seu caderno das coisas que aprecia em Bill. Ele não se cansa de ouvi-las. Recentemente, abriu a própria empresa e está perto do topo novamente. Seu trabalho não é mais uma ameaça a Betty Jo. Ela está animada e incentiva o marido. Sabe que ocupa o primeiro lugar na vida dele. Seu tanque de amor está cheio e, se começar a esvaziar, sabe que um simples pedido de sua parte receberá a atenção completa de Bill.

Atenção concentrada

Não basta estar na mesma sala com alguém. Um ingrediente fundamental para oferecer tempo de qualidade ao cônjuge consiste em dedicar-lhe atenção focada, especialmente em tempos de tantas distrações. Quando o pai se senta no chão e joga uma bola para seu filho pequeno, sua atenção não está na bola, mas no filho. Naquele momento, não importa quanto dure, eles estão juntos. Se, porém, o pai estiver falando no celular enquanto joga a bola, sua atenção está diluída. Alguns maridos e esposas pensam que passam tempo juntos quando, na realidade, apenas vivem perto um do outro. Estão na mesma casa ao mesmo tempo, mas não estão juntos. A esposa que envia mensagens no celular enquanto o marido tenta puxar conversa não lhe oferece tempo de qualidade, pois ele não tem a atenção completa dela.

Tempo de qualidade não significa que precisamos passar nosso tempo juntos olhando nos olhos um do outro. Significa fazer algo juntos e dedicar atenção completa à pessoa. A atividade é secundária. O importante, em termos emocionais, é passar tempo dedicado ao outro. A atividade é o veículo que gera o sentimento de proximidade. O que importa no ato paterno de jogar a bola para o filho pequeno não é a atividade em si, mas as emoções criadas entre pai e filho.

Da mesma forma, se os momentos em que o marido e a esposa jogam tênis juntos forem um tempo de qualidade legítimo, ambos se concentrarão não no jogo em si, mas no fato de passarem tempo juntos. O que importa é o que acontece no nível emocional. O tempo juntos num objetivo comum comunica que nos importamos com o outro, gostamos de estar com ele e apreciamos fazer coisas juntos.

Conversa de qualidade

Assim como palavras de afirmação, a linguagem do tempo de qualidade também possui muitos dialetos. Um dos mais comuns é o da *conversa de qualidade*. Refiro-me ao diálogo solidário em que dois indivíduos compartilham experiências, pensamentos, sentimentos e desejos em um contexto amigável e sem interrupções. A maioria das pessoas que reclama que seu cônjuge não conversa não quer dizer que o outro vive calado, mas, sim, que essa pessoa raramente participa de um diálogo agradável. Se a linguagem do amor primária de seu cônjuge é tempo de qualidade, esse diálogo é fundamental para sua percepção emocional de ser amado.

A conversa de qualidade é algo bem diferente da primeira linguagem do amor. As palavras de afirmação se concentram no que dizemos, enquanto a conversa de qualidade enfoca o que ouvimos. Se compartilho meu amor por você por meio de tempo de qualidade e passamos esse tempo conversando, devo me concentrar em ser atencioso e ouvir com simpatia o que você tem a dizer. Farei perguntas, não de maneira inquisitiva, mas com o desejo sincero de entender seus pensamentos, sentimentos e esperanças.

A maioria das pessoas que reclama que seu cônjuge não conversa não quer dizer que o outro vive calado.

Conheci Patrick quando ele tinha 43 anos e estava casado havia dezessete. Lembro-me dele porque suas primeiras palavras foram bastante dramáticas. Ele se sentou na poltrona do meu consultório e, depois de apresentar-se rapidamente, inclinou-se para a frente e disse, emocionado:

— Dr. Chapman, tenho sido um idiota, um completo idiota.

— O que levou você a chegar a essa conclusão? — perguntei.

— Estou casado há dezessete anos, e minha esposa me deixou. Agora percebo que idiota tenho sido.

Repeti minha pergunta original:

— Como você tem sido um idiota?

— Minha esposa chegava em casa do trabalho e me contava sobre os problemas de seu emprego. Eu a escutava e depois lhe dizia o que, em minha opinião, ela deveria fazer. Sempre dei conselhos. Dizia que ela precisava confrontar os problemas, pois eles não desaparecem sozinhos, e que era preciso conversar com a pessoa envolvida ou com seu supervisor. Enfim, dizia que ela precisava lidar com os problemas. No dia seguinte, ela chegava em casa e me falava dos mesmos problemas. Então eu perguntava se ela tinha feito o que eu havia sugerido no dia anterior. Ela balançava a cabeça e dizia que não. Então, eu repetia o conselho. Dizia que aquela era a maneira correta de lidar com a situação. Ela voltava para casa no dia seguinte e me falava dos mesmos problemas. Mais uma vez, perguntava se ela havia feito o que eu sugerira. Mais uma vez, ela dizia que não.

— E o que aconteceu na sequência?

— Depois de três ou quatro noites, fiquei irritado. Disse a ela que não esperasse compreensão de minha parte, uma vez que não estava disposta a aceitar meu conselho. Ela não precisava passar por tanto estresse e pressão. Ela resolveria o problema se fizesse aquilo que eu tinha dito. Meu coração doía por vê-la sofrendo assim, pois sabia que não era necessário ela passar por aquilo. Nas próximas vezes que ela falou sobre o problema, eu disse: "Não quero mais ouvir a esse respeito. Já lhe disse o que precisa fazer. Se você não escuta meu conselho, não quero mais saber do assunto".

Fez uma pausa e prosseguiu:

> Ela não queria meu conselho; queria apenas a certeza de que eu a entendia.

— Eu me afastava e seguia minha vida. Agora percebo que ela não queria meu conselho quando falava de suas dificuldades no trabalho. Ela queria solidariedade. Queria que eu ouvisse e lhe desse atenção. Queria saber que eu poderia entender a dor, o estresse, a pressão. Queria saber se eu a amava e se estava ao lado dela. Ela não queria meu conselho; queria apenas a certeza de que eu a entendia. Mas nunca tentei entendê-la. Estava ocupado demais dando conselhos. E agora ela se foi.

Então ele perguntou:

— Por que não entendemos essas coisas quando passamos por elas? Não enxerguei o que acontecia. Só agora entendo como falhei com ela.

A esposa de Patrick implorava por uma conversa de qualidade. Em termos emocionais, ela desejava que o marido concentrasse sua atenção nela ao ouvir sua dor e frustração. Patrick não se concentrava em ouvir, mas em falar. Escutava apenas o suficiente para conhecer o problema e formular uma solução. Não a escutava por tempo suficiente para ouvir o clamor dela por apoio e compreensão.

Muitas pessoas são como Patrick. Aprendemos a analisar problemas e criar soluções. Esquecemos que o casamento é um relacionamento, não um projeto a concluir ou um problema a resolver. Um relacionamento exige um ouvido solidário, com o propósito de entender os pensamentos, sentimentos e desejos da outra pessoa. Devemos nos dispor a dar conselhos, mas somente se solicitados, e nunca de maneira condescendente. Poucos de nós sabem ouvir. Somos muito mais eficientes em pensar e falar. Aprender a ouvir pode ser tão difícil quanto aprender outro idioma, mas é necessário se quisermos comunicar amor. Isso é especialmente verdadeiro se a linguagem do amor primária de nosso cônjuge for tempo de qualidade, e seu dialeto, conversa de qualidade. Felizmente, diversos livros e artigos foram escritos sobre a arte de ouvir. Tentarei não repetir o que está escrito em outros lugares, mas sugiro as seguintes dicas práticas do resumo a seguir.

1. Mantenha contato visual com seu cônjuge enquanto ele estiver falando. Isso impede que sua mente vagueie e comunica à pessoa que ela tem sua total atenção.

2. Não faça alguma outra coisa enquanto escuta seu cônjuge. Lembre-se: tempo de qualidade consiste em dedicar total atenção a alguém. Se estiver fazendo algo que não possa parar imediatamente, diga a verdade a seu cônjuge. Eis uma possível abordagem positiva: "Sei que você deseja conversar comigo, e estou interessado em ouvir, mas quero lhe dar atenção total. Não posso fazer isso agora, mas, se você me der dez minutos para concluir isso que estou fazendo, vou me sentar com você e escutar o que tem a dizer". A maioria dos cônjuges respeita esse pedido.

3. Preste atenção aos sentimentos. Pergunte a si mesmo: "Que emoção meu cônjuge está sentindo?". Quando achar que tem a resposta, confirme-a. Por exemplo: "Acho que você está desapontada comigo porque esqueci de...". Isso dá à pessoa a oportunidade de esclarecer seus sentimentos e comunica que você ouve intencionalmente o que ela diz.

4. Observe a linguagem corporal. Punhos cerrados, mãos trêmulas, lágrimas, sobrancelhas franzidas e movimento dos olhos contêm dicas dos sentimentos da outra pessoa. Às vezes a linguagem corporal transmite uma mensagem, enquanto as palavras transmitem outra. Peça esclarecimentos para certificar-se de que você sabe de fato quais são os sentimentos e pensamentos de seu cônjuge.

5. Não interrompa. Pesquisas recentes indicam que uma pessoa costuma ouvir por apenas dezessete segundos antes de interromper e apresentar suas próprias ideias. Se eu lhe der minha atenção total enquanto você fala, refrearei minha vontade de defender a mim mesmo, de

Pesquisas recentes indicam que uma pessoa costuma ouvir por apenas dezessete segundos antes de interromper.

lançar acusações ou de declarar dogmaticamente a minha posição. Meu objetivo é descobrir seus pensamentos e sentimentos. Meu propósito não é me defender nem corrigir você, mas, sim, entendê-lo.

Aprenda a falar

A conversa de qualidade não exige apenas solidariedade ao ouvir, mas também disposição de revelar sentimentos pessoais. Quando a esposa diz: "Gostaria que meu marido conversasse. Nunca sei o que ele está pensando ou sentindo", ela clama por intimidade. Deseja sentir-se próxima dele, mas como pode se sentir próxima de alguém a quem não conhece? Para ela se sentir amada, ele deve aprender a se revelar. Se a linguagem do amor primária dela for tempo de qualidade e seu dialeto, a conversa de qualidade, seu tanque de amor emocional nunca ficará cheio enquanto ele não revelar seus pensamentos e sentimentos.

Para alguns de nós, a revelação pessoal não é algo fácil. Muitos adultos cresceram em lares onde a expressão de pensamentos e sentimentos não era incentivada, mas, sim, condenada. Pedir um brinquedo significava receber um sermão sobre a triste condição financeira da família. A criança ia embora se sentindo culpada e logo aprendia a não expressar seus desejos. Quando expressava raiva, os pais respondiam com palavras duras e severas. Assim, a criança aprendia que expressar sentimentos de irritação também não é apropriado. Se a criança sentia culpa por expressar decepção por não conseguir ir à loja com seu pai, ela aprendia a guardar esse desapontamento para si. Na idade adulta, muitos aprendem a negar seus sentimentos. Não temos mais contato com nosso eu emocional.

A esposa diz ao marido:

— Como você se sentiu em relação ao que Steve disse?

O marido então responde:

— Acho que ele está errado. Ele deveria ter agido assim e assado...

No entanto, ele não está revelando seus sentimentos, mas expressando seus pensamentos. Talvez tenha razão para se sentir irritado, magoado ou desapontado, mas vive há tanto tempo em seu mundo de pensamentos que já não reconhece seus sentimentos. Quando decidir aprender o dialeto da conversa de qualidade, será como aprender um novo idioma. O princípio é este: Entre em contato com seus sentimentos e conscientize-se de que é uma criatura emocional, a despeito de ter negado essa parte de sua vida.

Se você precisa aprender o dialeto da conversa de qualidade, comece a prestar atenção a suas emoções quando estiver longe de casa. Leve consigo um bloco de anotações e mantenha-o consigo diariamente. Três vezes por dia, pergunte a si mesmo: "Que emoções senti nas últimas três horas? O que senti a caminho do trabalho enquanto o motorista atrás de mim andava colado ao meu carro? O que senti quando parei no posto de gasolina e a bomba automática não parou quando o tanque estava cheio, derramando gasolina na lateral do carro? O que senti ao chegar ao escritório e descobrir que o projeto em que estou trabalhando precisa ser entregue em três dias, quando achei que teria outras duas semanas?".

Escreva seus sentimentos no bloco de anotações e acrescente uma ou duas palavras para lembrá-lo da situação correspondente àquele sentimento. Sua lista pode ser mais ou menos assim:

Situação	**Sentimento**
Motorista colado	Raiva
Posto de gasolina	Irritação
Prazo de três dias	Frustração e ansiedade

Faça esse exercício três vezes ao dia e você descobrirá sua natureza emocional. Usando seu bloco de notas, comunique brevemente suas emoções e situações a seu cônjuge, o máximo de dias possível. Em algumas semanas, você se sentirá à vontade para expressar suas emoções com seu parceiro. Por fim, conseguirá discutir suas emoções em relação a seu cônjuge, seus filhos e às situações domésticas. Lembre-se: as emoções em si não são nem boas nem ruins. São simplesmente a reação psicológica aos acontecimentos da vida.

Tomamos decisões com base em nossos pensamentos e emoções. Quando o motorista andava colado atrás de seu carro e você se sentiu irritado, talvez alguns destes pensamentos lhe passaram pela cabeça: "Gostaria que ele saísse da pista; gostaria que ele me ultrapassasse; se não houvesse risco de multa, pisaria no acelerador e o deixaria comendo poeira; deveria enfiar o pé no freio e deixar que a seguradora me presenteasse um carro novo; talvez eu encoste e o deixe passar".

No final, você tomou alguma decisão ou o outro motorista desacelerou, desviou do caminho ou o ultrapassou, e você chegou a salvo ao trabalho. Em cada situação da vida, temos emoções, pensamentos, desejos e, finalmente, ações. É a expressão desse processo que chamamos de revelar a si mesmo. Se você optar por aprender o dialeto amoroso da conversa de qualidade, esse é o caminho de aprendizado a ser seguido.

Personalidades opostas

Nem todos somos desconectados de nossas emoções, mas, quando se trata de conversar, todos somos afetados por nossa personalidade. Tenho observado dois tipos básicos de personalidade. Chamarei o primeiro de "mar Morto". Na pequena nação de Israel, o mar da Galileia flui rumo ao sul pelo rio Jordão, até o mar Morto, que não vai a lugar nenhum. Ele recebe, mas não doa. Esse tipo de personalidade obtém muitas experiências, emoções e pensamentos durante o dia. Possui um enorme reservatório onde armazena essas informações e sente-se perfeitamente feliz em não conversar. Se você perguntar a uma pessoa do tipo mar Morto: "O que há de errado? Por que você está quieto hoje?", ela provavelmente responderá algo como: "Não há nada de errado. O que o leva a pensar que há?". E essa resposta é absolutamente honesta. Ele está contente em não conversar. Poderia dirigir de Porto Alegre a São Paulo sem dizer uma única palavra e se sentiria perfeitamente feliz.

No outro extremo está o "riacho Tagarela". Com esse tipo de personalidade, tudo o que passa pelos olhos ou pelos ouvidos sai pela boca, e raramente se passam mais que sessenta segundos entre um momento e outro. Falam de qualquer coisa que veem ou ouvem. De fato, se não houver ninguém em casa com quem conversar, ligam para alguém: "Sabe o que eu vi? Sabe o que eu ouvi?". Se não encontram ninguém por telefone, conversam sozinhos, pois não possuem reservatório. É muito comum que um mar Morto se case com um riacho Tagarela. Isso acontece porque, durante o namoro, essa é uma combinação muito atraente.

Se você é um mar Morto e tiver um encontro com um riacho Tagarela, a noite será incrível. Você não precisa pensar em como iniciar ou manter a conversa durante o jantar. De fato, nem se preocupe com isso. Tudo que precisa fazer é balançar a cabeça e dizer "hum, hum", e ela preencherá toda a noite. Você irá para casa pensando: "Que pessoa maravilhosa". Por outro lado, se você é um riacho Tagarela e sair com um mar Morto, a noite será igualmente ótima, pois o mar Morto é o melhor ouvinte do mundo. Você tagarela durante três horas, e ele ouvirá atentamente. Então, você irá para casa pensando: "Que pessoa maravilhosa". A atração é recíproca. Contudo, após cinco anos de casados, o riacho Tagarela acorda pela manhã e diz: "Estamos casados há cinco anos e eu não o conheço". O mar Morto, por sua vez, diz: "Eu a conheço muito bem. Gostaria que interrompesse o fluxo e me desse um tempo". A boa notícia é que o mar Morto pode aprender a conversar e o riacho Tagarela, a ouvir. Somos influenciados por nossa personalidade, mas não controlados por ela.

Uma maneira de aprender novos padrões é estabelecer um momento diário de compartilhamento no qual cada um falará sobre três coisas que ocorreram naquele dia e qual seu sentimento em relação a elas. Chamo isso de "requisito mínimo diário" para um casamento saudável. Se você começar com o mínimo a cada dia, em poucas semanas ou meses a conversa de qualidade fluirá livremente entre vocês.

Atividades de qualidade

Além da linguagem do amor básica que é o tempo de qualidade, a saber, dar ao cônjuge sua completa atenção, existe outro dialeto chamado atividades de qualidade. Num recente seminário sobre casamento, pedi aos casais que completassem a seguinte frase: "Sinto-me mais amado por meu cônjuge quando...". Aqui está a resposta de um marido de 29 anos, casado há oito: "Eu me sinto mais amado por minha esposa quando fazemos coisas juntos, atividades que ela e eu gostamos de fazer. Conversamos mais. É como se estivéssemos namorando de novo". Essa é uma resposta típica de indivíduos cuja linguagem do amor primária é tempo de qualidade. A ênfase consiste em estar junto, fazer coisas juntos, dedicar ao outro sua atenção plena.

Atividades de qualidade incluem qualquer coisa na qual um dos dois ou ambos tenham interesse. A ênfase não está na atividade em si, mas na razão de praticá-la. O objetivo é ter uma experiência de casal e, ao fim da atividade, obter a seguinte sensação: "Ele se importa comigo e se dispôs a fazer algo de que eu gosto com uma atitude positiva". Isso é amor e, para algumas pessoas, é a forma mais evidente do amor.

Um dos passatempos preferidos de Emily é visitar livrarias, desde lojas enormes até sebos minúsculos. Jeff, seu marido, e leitor bem menos ávido, aprendeu a compartilhar essas experiências com Emily e até aponta livros de que ela possa gostar. Emily, por sua vez, aprendeu a ceder e não forçar Jeff a passar horas entre as pilhas de livros. Como resultado, ele diz, todo orgulhoso: "Prometi desde o início que, se ela quisesse um livro, eu o compraria". Talvez Jeff nunca se torne um rato de livraria, mas hoje é um especialista em ser amoroso com Emily.

Entre as atividades de qualidade, incluem-se cuidar do jardim, visitar monumentos históricos, colecionar antiguidades, ir a um concerto, fazer passeios ou receber outro casal para jantar. As atividades são limitadas apenas por seu interesse e disposição de tentar novas experiências. Os ingredientes essenciais de uma atividade de qualidade são: 1) o desejo de pelo menos um dos dois de realizá-la; 2) a disposição do outro em fazê-la; e 3) a consciência do motivo de fazerem a atividade: expressar amor por meio do ato de estar juntos.

Uma das consequências das atividades de qualidade é a criação de um banco de memórias que o casal pode acessar no futuro. Feliz é o casal que se lembra de um passeio matinal pela praia, do jardim de flores plantado na primavera, de correr pela grama atrás de um coelho, da noite em que assistiram juntos ao primeiro jogo de futebol, da primeira e única vez em que esquiaram juntos e ele machucou a perna, dos parques de diversão, dos concertos, das catedrais e, sim, da emoção de tomar banho de cachoeira após uma caminhada de três quilômetros. É quase possível sentir o vapor d'água ao se lembrarem do passeio. São memórias de amor, especialmente para as pessoas cuja linguagem do amor primária é tempo de qualidade.

E onde encontramos tempo para essas atividades, sobretudo se os dois trabalham fora? Arranjamos tempo da mesma maneira que arrumamos tempo para almoçar e jantar. Por quê? Porque é algo tão essencial para nosso casamento quanto as refeições para a saúde. É difícil? Exige planejamento? Sim. Significa que temos de abdicar de algumas atividades individuais? Talvez. Quer dizer que faremos algumas coisas que não necessariamente apreciamos? Certamente. Vale a pena? Sem dúvida. O que ganho com isso? O prazer de viver com um cônjuge que se sente amado e de saber que aprendi a falar sua linguagem do amor com fluência.

Agradeço a Bill e Betty Jo, de Little Rock, por me ensinarem o valor da primeira linguagem do amor, palavras de afirmação, e a segunda, tempo de qualidade. Agora vamos a Chicago conhecer a terceira linguagem do amor.

Sua vez

O que o impede de ter tempo de qualidade com seu cônjuge?

Se a linguagem do amor do seu cônjuge é tempo de qualidade:

1. Passeiem juntos pela vizinhança onde um de vocês cresceu. Faça perguntas sobre a infância de seu cônjuge, como: "Que lembranças engraçadas você tem dessa época?", e depois: "Qual foi a pior parte de sua infância?".

2. Vão até o parque da cidade e aluguem bicicletas. Pedalem até se cansarem; depois, sentem-se e observem os pássaros. Quando enjoarem dos patos, sigam para o jardim de rosas. Descubram o tom de rosa predileto de cada um e por quê.
3. Peça a seu cônjuge uma lista das cinco atividades que ele gostaria de fazer com você. Planeje realizar uma delas mensalmente durante os próximos cinco meses. Se o dinheiro for um problema, alterne com eventos gratuitos.
4. Pergunte a seu cônjuge que lugar ele prefere sentar-se enquanto vocês conversam. Na semana seguinte, envie-lhe uma mensagem, dizendo: "Quero marcar um encontro na varanda alguma noite dessa semana para conversar. Qual o melhor horário para você?".
5. Pense numa atividade que seu cônjuge aprecia, mas que lhe dá pouco prazer: corrida de carros, feira de antiguidades, academia. Diga-lhe que você deseja expandir seus horizontes e gostaria de acompanhá-lo nessa atividade em algum dia do mês. Defina uma data e faça seu melhor.
6. Planeje uma viagem de fim de semana, apenas para o casal, em algum momento dos próximos seis meses. Certifique-se de ser um final de semana em que você não precisa trabalhar e não haja compromissos com os filhos. Concentrem-se em relaxar juntos, fazendo algo que seja do agrado de um de vocês ou de ambos.
7. Reserve tempo diário para compartilhar algo que ocorreu durante o dia. Se vocês passam mais tempo no Facebook do que conversando, talvez se preocupem mais com as centenas de "amigos" que com seu cônjuge.
8. Promovam uma noite de "revisão de nossa história" a cada três meses. Separem uma hora para se concentrarem na história do casal. Escolham cinco perguntas que os dois devem responder, como:
   a. Quem foi o melhor e o pior professor que você já teve e por quê?
   b. Quando você sentiu que seus pais ficaram orgulhosos de você?

c. Qual foi o pior erro que sua mãe já cometeu?
d. Qual foi o pior erro que seu pai já cometeu?
e. Que lembranças você tem dos aspectos religiosos de sua infância?

A cada noite, definam juntos quais serão as cinco perguntas. No final da sessão, escolham as cinco perguntas que farão da próxima vez.

9. Acampem na sala de estar. Espalhem cobertores e travesseiros pelo chão. Peguem refrigerantes e pipoca. Finjam que a televisão quebrou e conversem como costumavam fazer quando namoravam. Conversem até o sol nascer ou alguma outra coisa acontecer. Se o chão começar a incomodar, levantem-se e vão para a cama. Vocês não se esquecerão dessa noite!

Palavras de afirmação

Tempo de qualidade

Presentes

Atos de serviço

Toque físico

CAPÍTULO 6

Terceira linguagem do amor: Presentes

Morei em Chicago quando estudei antropologia. Por meio de etnografias detalhadas (registros descritivos de uma cultura em particular), visitei pessoas fascinantes em todo o mundo. Fui à América Central e estudei as avançadas culturas maia e asteca. Cruzei o Pacífico e estudei tribos da Melanésia e Polinésia. Também estudei os esquimós da tundra ao norte e os aborígenes ainos do Japão. Examinei os padrões culturais do amor e do casamento e descobri que, em todas as culturas estudadas, presentear faz parte do processo amoroso.

Os antropólogos ficam intrigados diante dos padrões culturais que tendem a permear as culturas, e era meu caso. Seria possível o ato de presentear constituir uma expressão fundamental de amor que transcende barreiras culturais? A atitude de amar é sempre acompanhada pelo conceito de doar? Essas questões são acadêmicas e, de certo modo, filosóficas, mas, se a resposta for sim, há profundas implicações práticas para todos os casais ocidentais.

"Suco para você"

Fiz uma viagem de pesquisa antropológica a Dominica. Nosso propósito era estudar a cultura dos índios caribes e, na viagem, conheci Fred. Ele não era um caribe, mas um jovem negro de 28 anos que perdera uma das mãos num acidente de pesca com dinamite. Depois do acidente, ele precisou desistir de sua carreira de pescador. Ele tinha bastante tempo disponível, e eu recebi muito bem a sua companhia. Passamos horas juntos conversando sobre sua cultura.

Em minha primeira visita à casa de Fred, ele me perguntou:

— Sr. Gary, gostaria de um pouco de suco?

Respondi entusiasmado que sim. Ele olhou para seu irmão mais novo e disse:

— Vá pegar suco para o sr. Gary.

Seu irmão se virou, saiu pelo piso de chão batido, subiu num coqueiro e desceu com um coco enorme.

— Abra — ordenou Fred.

Com três movimentos rápidos de facão, seu irmão abriu o coco, deixando um buraco triangular na parte de cima. Fred me passou o coco e disse:

— Suco para você.

Estava verde, mas bebi tudo mesmo assim, pois sabia que era um presente de amor. Eu era amigo dele e, para os amigos, oferece-se suco.

No final das semanas que passamos juntos, enquanto me preparava para deixar a pequena ilha, Fred me ofereceu um último símbolo de seu amor. Era um galho torto de quase 40 centímetros que ele havia tirado do oceano. Pelo impacto das rochas, tornara-se macio como seda. Fred disse que o galho era encontrado nas praias de Dominica havia muito tempo, e ele queria que eu o levasse como uma lembrança da bela ilha. Ainda hoje, ao olhar para o presente, quase posso ouvir o som das ondas do mar caribenho. Não é, porém, apenas uma lembrança de Dominica, mas sim uma recordação de amor.

Um presente é algo que você pode segurar nas mãos e dizer: "Olhe, ele estava pensando em mim" ou "Ela se lembrou de mim". É preciso pensar em alguém para presentear. O presente em si é um símbolo desse pensamento. Não importa se custa dinheiro. O importante é que você pensou na pessoa. E não é apenas a intenção do pensamento que conta, mas o pensamento expresso pelo presente oferecido como expressão de amor.

As mães se lembram dos dias em que seus filhos lhes trouxeram flores colhidas no jardim e as presentearam. Sentiram-se amadas, ainda que seja uma flor que não queriam ver colhida. Desde os primeiros anos, as crianças são inclinadas a dar presentes a seus pais, outro possível indicativo de que presentear é algo fundamental para o amor.

O presente é um símbolo visual do amor. A maioria das cerimônias de casamento inclui o ato de dar e receber alianças. A pessoa que realiza a cerimônia diz algo como: "Estas alianças são os sinais externos e visíveis de um elo interior e espiritual que une o coração dos noivos num amor sem fim". Não é retórica inútil. É a expressão verbal de uma importante verdade: os símbolos possuem valor emocional. É algo demonstrado ainda mais claramente no final de um casamento que se desfaz, quando o marido ou a esposa deixam de usar a aliança. É o sinal visível de que o casamento enfrenta sérias dificuldades.

Certo marido disse: "Depois que ela jogou sua aliança de casamento em mim e saiu de casa irritada, batendo a porta, percebi que nosso casamento passava por sérios problemas. Levei dois dias para apanhar a aliança. Quando finalmente a peguei, desatei a chorar". As alianças eram um símbolo do que deveria ter sido, mas, estando na mão dele e não no dedo dela, eram lembretes visuais de que o casamento desmoronava. As alianças solitárias despertaram emoções profundas no marido.

Símbolos visuais de amor são mais importantes para alguns do que para outros. É por isso que as pessoas possuem atitudes diferentes em relação a alianças de casamento. Algumas jamais a tiram depois de se casar. Outras nem sequer a possuem. Esse é outro sinal de que as pessoas têm diferentes linguagens do amor. Se minha linguagem do amor primária são presentes, darei grande valor à aliança que ganhei e a usarei com grande orgulho. Ficarei bastante comovido pelos outros presentes recebidos ao longo dos anos. Eu os verei como expressões de amor. Sem os presentes como símbolos visuais, talvez eu questione o amor de meu cônjuge.

Há presentes de todos os tamanhos, cores e formas. Alguns são caros, outros são gratuitos. Para a pessoa cuja linguagem do amor primária são presentes, o custo será de pouca importância, a não ser que esteja muito distante do seu orçamento. Se o milionário der apenas presentes baratos, a esposa pode questionar se é mesmo uma expressão de amor, mas, quando as finanças da família são limitadas, um presente de valor irrisório pode representar um amor que vale milhões.

É possível comprar, achar ou criar presentes. O marido que encontra uma pena de pássaro interessante no caminho para casa e a presenteia a sua esposa descobriu uma forma de expressar amor — a menos, é claro, que a esposa seja alérgica a penas. Para o marido com condições, a esposa pode comprar um belo cartão por preços módicos. Para quem não tem condições, é possível fazer um de graça. Pegue papel do cesto de lixo de seu trabalho, dobre-o ao meio, recorte um coração com a tesoura, escreva "Eu amo você!" e assine seu nome. Presentes não precisam ser caros.

Mas o que fazer quando a pessoa diz: "Não sou de dar presentes. Não recebi muitos presentes durante a infância. Não aprendi a escolher presentes. Não é natural para mim"? Parabéns! Você fez a primeira descoberta sobre como tornar-se um cônjuge dedicado. Você e seu cônjuge falam linguagens do amor diferentes. Agora que fez essa descoberta, proponha-se a aprender sua segunda linguagem. Se a linguagem do amor primária do seu cônjuge são presentes, você pode se tornar um especialista em presentear. Na verdade, essa é uma das linguagens do amor mais fáceis de aprender.

Por onde começar? Faça uma lista de todos os presentes pelos quais seu cônjuge já expressou entusiasmo no decorrer dos anos. Podem ser presentes seus ou de familiares ou amigos. A lista lhe dará uma ideia do tipo de presentes que seu cônjuge ficaria feliz em receber. Se você tem pouca ou nenhuma noção de como escolher os tipos de presentes da lista, peça ajuda de familiares que conhecem seu cônjuge. Enquanto isso, escolha presentes que se sinta à vontade para comprar, criar ou achar, e os presenteie. Não espere uma ocasião especial. Se a linguagem do amor primária de seu cônjuge são presentes, praticamente qualquer coisa que lhe der será recebida como uma expressão de amor. (Se houve críticas a seus presentes no passado, e se quase nada que você presenteou foi aceitável, então é quase certeza que presentes não são a linguagem do amor primária de seu cônjuge.)

O melhor investimento

Se você quer ser um presenteador eficaz, talvez seja preciso mudar sua atitude em relação ao dinheiro. Cada um de nós tem uma percepção individual dos propósitos do dinheiro, bem como várias emoções associadas ao ato de gastá-lo. Alguns gostam de gastar e se sentem bem com isso. Outros têm uma perspectiva voltada a poupar e investir e se sentem bem quando guardam dinheiro e o investem sabiamente.

Se você é um gastador, então terá pouca dificuldade em comprar presentes para seu cônjuge; mas se for um poupador, sentirá resistência emocional à ideia de gastar dinheiro como expressão de amor. Você não compra coisas para si; por que deveria comprar coisas para seu cônjuge? Essa atitude, porém, não leva em conta que você *está* comprando coisas para si mesmo. Ao poupar e investir, você compra valor próprio e segurança emocional. Você cuida de suas próprias necessidades emocionais através da maneira de lidar com o dinheiro. O que você não faz é satisfazer as necessidades emocionais do seu cônjuge. Se descobrir que a linguagem do amor primária do seu cônjuge são presentes, talvez venha a entender que comprar presentes é o melhor investimento a fazer. Você investe em seu relacionamento e enche o tanque de amor emocional dele. Com um tanque de amor cheio, ele lhe retribuirá amor emocional numa linguagem compreensível para você. Quando as necessidades emocionais de ambos são satisfeitas, o casamento assume uma dimensão completamente nova. Não se preocupe com suas economias. Você sempre será um poupador, mas investir no amor ao cônjuge é investir em ações de alta lucratividade.

> Se você quer ser um presenteador eficaz, talvez seja preciso mudar sua atitude em relação ao dinheiro.

Dar de si mesmo

Existe um presente intangível que às vezes fala mais alto que um presente material. Eu o chamo de presentear a si mesmo ou presente da presença. Estar presente quando seu cônjuge precisa é uma atitude de grande valor a alguém cuja linguagem do amor primária são presentes. Jan me disse certa vez:

— Meu marido, Don, gosta mais de futebol do que de mim.

— Por que você diz isso? — perguntei.

— No dia em que nosso filho nasceu, ele estava jogando futebol. Passei a tarde inteira deitada na cama do hospital enquanto ele jogava futebol.

— Ela estava lá quando o bebê nasceu?

— Oh, sim. Ele ficou tempo suficiente para o bebê nascer, mas dez minutos depois saiu para jogar futebol. Fiquei arrasada. Era um momento tão importante de nossa vida. Queria que o compartilhássemos juntos. Queria que ele estivesse ali comigo. Mas Don me abandonou para ir jogar.

Aquele marido poderia ter mandado uma dúzia de rosas, mas elas não teriam falado tão alto quanto sua presença no quarto do hospital. Pude perceber que Jan ficou profundamente magoada com aquela experiência. O "bebê" tinha agora 15 anos, e ela falava do episódio com tamanha emoção que parecia ter acontecido ontem. Sondei um pouco mais:

— Você se baseou apenas nessa experiência para chegar à conclusão de que Don ama mais o futebol do que você?

— Não — respondeu ela. — No dia do velório de minha mãe, ele também foi jogar futebol.

— Ele foi ao velório?

— Sim, ele foi ao velório, mas, assim que acabou, saiu para jogar futebol. Não pude acreditar. Meus irmãos e irmãs voltaram para casa comigo, mas meu marido estava jogando futebol.

Mais tarde, perguntei a Don sobre as duas situações. Ele sabia exatamente do que eu estava falando.

— Sabia que ela ia falar sobre isso. Estive ao lado dela durante todo o trabalho de parto e quando o bebê nasceu. Tirei fotos e estava muito feliz. Não podia esperar para contar a meus amigos do time, mas minha alegria acabou quando voltei ao hospital naquela noite. Ela estava furiosa comigo. Não conseguia acreditar no que ela estava dizendo. Pensei que ela se orgulharia de mim por ter ido contar ao time.

— E o que aconteceu quando a mãe de sua esposa morreu? — perguntei.

— Kate provavelmente não lhe disse que eu tirei licença do trabalho uma semana antes que a mãe dela morresse e que passei a semana inteira no hospital e na casa de minha sogra fazendo reparos e ajudando no que fosse preciso. Após a morte e o fim do velório, senti que fizera tudo o que podia. Precisava de uma pausa para tomar fôlego. Gosto de jogar futebol, e sabia que o esporte me ajudaria a relaxar e aliviar um pouco do estresse que estava enfrentando. A meu ver, ela concordaria que eu fizesse uma parada. Fiz o que achei ser importante para ela, mas não foi suficiente. Ela não me deixa esquecer aqueles dois dias. Diz que eu amo futebol mais do que a ela. Isso é ridículo.

Don era um marido sincero que não conseguia entender o tremendo poder da presença. Para sua esposa, o fato de ele estar ali ao lado dela era mais importante que qualquer coisa. A presença física no momento de crise é o presente mais poderoso que você pode dar a seu cônjuge se a linguagem do amor primária dele forem presentes. Sua presença física se torna o símbolo do seu amor. Remova esse símbolo e o senso de amor se evapora. Durante o aconselhamento, Don e Jan trataram as feridas e as mágoas do passado. Por fim, Jan conseguiu perdoá-lo, e Don passou a entender por que sua presença era tão importante para ela.

Se a presença física do seu cônjuge é importante para você, insisto que verbalize isso para ele. Não espere que ele leia sua mente. Se, por outro lado, seu cônjuge disser: "Eu quero muito que você esteja comigo esta noite (ou amanhã, ou esta tarde)", leve o pedido a sério. Do seu ponto de vista, talvez não seja importante, mas, se você não atender a esse pedido, poderá comunicar uma mensagem indesejada. Um marido disse certa vez:

— Quando minha mãe morreu, o chefe de minha esposa a dispensou por duas horas para ir ao velório, mas disse que ela precisaria voltar ao escritório à tarde. Minha esposa disse ao chefe que, na opinião dela, o marido precisava de apoio e ela teria de se ausentar o dia inteiro. O chefe respondeu: "Se você se ausentar o dia inteiro, talvez perca seu emprego". Então minha esposa disse: "Meu marido é mais importante que meu emprego". Ela passou o dia todo comigo. De certa maneira, naquele dia me senti mais amado por ela do que antes. Nunca me esqueci do que ela fez. A propósito, ela não perdeu o emprego. Seu chefe saiu pouco tempo depois e pediram a ela que assumisse o cargo.

"De certa maneira, naquele dia me senti mais amado por ela do que antes."

Aquela esposa falou a linguagem do amor de seu marido, e ele nunca se esqueceu disso.

Milagre em Chicago

Quase tudo o que já foi escrito sobre o amor indica que o espírito de doar está em seu âmago. Todas as cinco linguagens do amor nos desafiam a doar a nosso cônjuge; para alguns, porém, o ato de receber presentes, os símbolos visuais do amor, fala mais alto. Ouvi a ilustração mais clara dessa verdade em Chicago, onde conheci Doug e Kate.

Eles compareceram a meu seminário sobre vida conjugal e ficaram de me levar ao Aeroporto O'Hare depois do congresso, na tarde de sábado. Como havia duas ou três horas livres antes do voo, o casal me perguntou se eu gostaria de passar num restaurante. Faminto, aceitei.

Logo que nos sentamos, Kate começou a falar:

— Dr. Chapman, Deus usou o senhor para realizar um milagre em nosso casamento. Três anos atrás, comparecemos pela primeira vez a seu seminário aqui em Chicago. Estava desesperada. Considerava seriamente a ideia de deixar Doug e contei isso a ele. Nosso casamento andava vazio havia muito tempo. Eu tinha desistido. Durante anos, reclamei com Doug de que precisava do amor dele, mas ele não reagia. Eu amava nossos filhos e sabia que eles me amavam, mas não sentia nada da parte dele. O fato é que, naquela época, eu o odiava. Ele era uma pessoa metódica. Tinha rotina para tudo. Era previsível como um relógio, e ninguém conseguia interromper sua rotina. Por muitos anos, tentei ser uma boa esposa. Fazia tudo que, a meu ver, uma boa esposa deveria fazer. Fazia sexo porque sabia que era importante para ele, mas não me sentia amada. Achava que ele deixara de demonstrar interesse por mim logo depois que nos casamos e não me dava mais valor. Eu me sentia usada e desprezada.

Ela prosseguiu:

— Quando falei com Doug sobre meus sentimentos, ele riu de mim e disse que tínhamos um casamento tão bom quanto qualquer outro da vizinhança. Ele não entendia por que eu estava tão infeliz. Lembrou-me de que as contas eram pagas, tínhamos uma bela casa e um carro novo, eu tinha liberdade para trabalhar fora ou ser dona de casa e deveria estar feliz em vez de reclamar o tempo todo. Nem sequer tentou entender meus sentimentos. Eu me senti totalmente rejeitada.

Mexendo no copo de água e se inclinando para a frente, continuou:

— Enfim, participamos de seu seminário três anos atrás. Não sabia o que esperar e, francamente, minhas expectativas eram mínimas. Não achava que alguém conseguiria transformar

Doug. Durante e após o seminário, ele não disse muita coisa. Parecia ter gostado. Disse que o senhor era engraçado, mas não conversou comigo sobre nenhuma das ideias apresentados no seminário. Não esperava que ele o fizesse, e não pedi que comentasse.

— Então, naquela tarde de segunda-feira — prosseguiu —, ele chegou em casa do trabalho e me deu uma rosa. "Onde conseguiu isso?", perguntei. "Comprei de um vendedor de rua", disse ele. "Achei que você merecia uma rosa." Comecei a chorar. "Oh, Doug, que doçura de sua parte!"

— E o que aconteceu depois?

— Na terça-feira, ele me ligou do escritório, pouco depois do horário de almoço, e perguntou o que eu achava de pedirmos uma *pizza* para o jantar. Ele disse que eu talvez apreciasse a ideia de não preparar o jantar. Respondi que a ideia era maravilhosa e, assim, pedimos uma *pizza* e nos divertimos juntos. As crianças adoraram a *pizza* e agradeceram ao pai. Dei um abraço nele e lhe disse que havia gostado muito daquilo.

— Quando chegou em casa na quarta-feira — continuou —, Doug trouxe um pacote de biscoitos para cada filho e um pequeno vaso de flor para mim. Disse que sabia que a rosa morreria e achava que eu poderia gostar de ter algo que durasse mais tempo. Estava começando a achar que ele havia enlouquecido! Não conseguia acreditar nas coisas que Doug fazia nem no porquê delas. Então, na noite de quinta, depois do jantar, ele me deu um cartão com uma mensagem sobre o fato de ele nem sempre ser capaz de expressar seu amor por mim, mas esperava que o cartão comunicasse quanto ele se importava. Ele sugeriu: "Por que não contratamos uma babá na noite de sábado e saímos só nós dois para jantar?". Eu respondi que seria maravilhoso. Na sexta à noite, ele passou numa padaria e comprou os biscoitos favoritos de cada um. Mais uma vez, ele nos fez uma surpresa, dizendo apenas que havia uma sobremesa especial.

E não acabou por aí. Kate continuou seu relato:

— No sábado à noite, eu estava nas nuvens. Não fazia ideia do que havia acontecido com Doug, nem se aquele comportamento duraria, mas estava gostando de cada minuto. Depois de nosso jantar no restaurante, eu lhe disse: "Doug, você precisa me dizer o que está acontecendo. Não consigo entender".

Ela olhou para mim atentamente e disse:

— Dr. Chapman, o senhor precisa entender uma coisa. Este homem nunca tinha me dado uma flor desde que nos casamos. Não me dera um cartão por qualquer ocasião que fosse. Ele sempre dizia: "É desperdício de dinheiro; a pessoa olha o cartão e o joga fora". Saímos para jantar apenas uma vez em cinco anos. Ele nunca comprou nada para as crianças e esperava que eu comprasse apenas o essencial. Nunca pediu *pizza* para o jantar. Esperava que eu preparasse o jantar todas as noites. O que estou dizendo é que essa foi uma mudança radical em seu comportamento.

"Dr. Chapman, o senhor precisa entender uma coisa. Este homem nunca tinha me dado uma flor desde que nos casamos."

Olhei para Doug e perguntei:

— O que você respondeu no restaurante quando ela perguntou o que estava acontecendo?

Ele respondeu:

— Eu disse que tinha ouvido sua palestra sobre as linguagens do amor no seminário e percebido que a linguagem do amor dela eram presentes. Também percebi que fazia anos que eu não lhe dava nenhum presente, talvez desde a cerimônia de casamento. Lembro-me de que, no namoro, eu lhe trazia flores ou outros presentes pequenos, mas, depois de casados, imaginei que não teríamos condição de fazer isso. Disse a ela que havia decidido lhe dar um presente por dia durante uma semana para ver se isso provocaria alguma diferença nela. Tive de admitir que vi uma enorme diferença em sua atitude durante a semana.

Doug continuou:

— Disse a ela também que o senhor estava certo ao dizer que aprender a linguagem do amor correta era a chave para ajudar a outra pessoa a se sentir amada. Pedi desculpas por ter sido tão insensível durante todos aqueles anos e por ter deixado de suprir sua necessidade de amor. Disse a ela que a amava muito e que gostava de todas as coisas que ela fazia por mim e pelas crianças. Prometi que, com a ajuda de Deus, eu seria um presenteador pelo resto da minha vida.

— E qual foi a reação de Kate? — perguntei.

— Ela me disse: "Mas, Doug, você não pode me comprar presentes todos os dias pelo resto de sua vida. Você não tem condições para isso". E eu respondi: "Bem, talvez não todo dia, mas pelo menos uma vez por semana. Isso daria 52 presentes a mais por ano do que os que você recebeu nos últimos cinco anos. E quem disse que vou comprar todos eles? Posso até fazer alguns, ou quem sabe seguir a ideia do dr. Chapman e, na primavera, pegar uma flor do jardim da frente".

Então Kate se pronunciou:

— Creio que ele não falhou uma semana sequer nos últimos três anos. Doug é um novo homem. Você não acreditaria no quão felizes temos sido. Nossos filhos nos chamam hoje de pombinhos apaixonados. Meu tanque está cheio e transbordando.

Voltei-me para Doug e perguntei:

— E quanto a você, Doug? Você se sente amado por Kate?

— Ah, eu sempre me senti amado por ela, dr. Chapman. Ela é a melhor dona de casa do mundo. É uma excelente cozinheira.

É maravilhosa para fazer coisas por nossos filhos. Sei que ela me ama.

Em seguida, sorriu e disse:

— Agora o senhor sabe qual é a minha linguagem do amor, não é?

Eu sabia, e também sabia por que Kate havia usado a palavra "milagre".

Os presentes não precisam ser caros nem precisam ser ofertados semanalmente. Para algumas pessoas, porém, seu valor não tem nada a ver com dinheiro, mas sim tudo a ver com amor.

Sua vez

Pensem em formas de presentear um ao outro, mesmo que as finanças estejam apertadas.

Se a linguagem do amor do seu cônjuge são presentes:

1. Faça um desfile de presentes. Deixe uma caixa de bombons pela manhã; mande entregar flores à tarde; dê um presente à noite. Quando seu cônjuge perguntar: "O que está acontecendo?", responda: "Estou apenas tentando encher o seu tanque de amor!".
2. Deixe a natureza ser seu guia. Da próxima vez que passear pela vizinhança, mantenha os olhos abertos a fim de encontrar algum presente para seu cônjuge. Pode ser uma pedra, um galho ou uma pena. Você pode até mesmo atribuir um significado especial para seu presente natural. Por exemplo: uma pedra lisa simboliza seu casamento, que agora tem todas as partes ásperas polidas. Uma pena simboliza o poder de seu cônjuge de fazê-lo sentir-se nas nuvens.

3. Descubra o valor de objetos feitos à mão. Faça um presente para seu cônjuge. Talvez seja necessário matricular-se em algum curso: cerâmica, ourivesaria, pintura, escultura em madeira etc. O propósito principal é criar algo para presentear a seu cônjuge. Um presente feito à mão muitas vezes se torna uma relíquia familiar.
4. Dê a seu cônjuge um presente por dia durante uma semana. Não precisa ser uma semana especial. Prometo a você que ela se transformará na "Semana do Ano"! Se você for uma pessoa vibrante, poderá transformá-la no "Mês do Ano"! Não, seu cônjuge não esperará que você mantenha essa prática pelo resto da vida.
5. Crie um caderno de "ideias para presentes". Sempre que ouvir o cônjuge dizer: "Gosto muito disso", anote no caderno. Ouça com atenção e você formará uma lista extensa, que servirá como guia quando for escolher um presente. Para manter a lista atualizada, olhem juntos alguma loja de compras *on-line*.
6. Recorra aos serviços de um *personal shopper*, um especialista em compras. Se você realmente não faz ideia de como escolher um presente, peça a um amigo ou a um membro da família que conhece seu cônjuge para ajudar. A maioria das pessoas gosta de fazer um amigo feliz comprando-lhe presentes, especialmente se for com o seu dinheiro.
7. Ofereça o presente da presença. Diga a seu cônjuge: "Quero oferecer o presente de minha presença em qualquer evento ou ocasião que você desejar neste mês. Diga-me quando e eu farei todo o possível para estar presente". Prepare-se! Seja positivo! Quem sabe você aprecie um concerto sinfônico ou um jogo de vôlei.
8. Dê um livro a seu cônjuge e comprometa-se a lê-lo também. Em seguida, ofereça-se para discutirem juntos um capítulo por semana. Não escolha um livro que você quer que seu cônjuge leia, mas um livro sobre um tópico de interesse dele: sexo, futebol, costura, administração financeira, criação de filhos, religião, viagens.

9. Faça um tributo duradouro. Dê um presente à igreja do seu cônjuge ou à instituição de caridade favorita dele para homenagear seu aniversário, o aniversário de casamento de vocês ou alguma outra ocasião. Peça à instituição de caridade que envie um cartão informando a seu cônjuge o que você fez. A igreja ou a instituição ficarão muito felizes, e seu cônjuge também.
10. Dê um presente vivo. Compre e plante uma árvore ou um arbusto com flores em homenagem a seu cônjuge. Plante-a em seu jardim, onde poderá regá-la e cuidar dela, ou então num parque público, com a devida autorização, para que outras pessoas a vejam e desfrutem dela. Você receberá o crédito por isso ano após ano.

Palavras de afirmação

Tempo de qualidade

Presentes

Atos de serviço

Toque físico

CAPÍTULO 7

Quarta linguagem do amor: Atos de serviço

Michele se sentou na sala de estar e começou a usar seu *notebook*. Ela podia ouvir os sons vindos da área de serviço, onde Brad, seu marido, dava conta das pilhas de roupas para lavar. Sorriu consigo mesma. Nos últimos dias, Brad limpou o apartamento, preparou o jantar e cuidou dos afazeres da casa, tudo porque Michelle estava no meio dos exames finais de sua pós-graduação. Aquilo a fez sentir-se contente... e amada.

A linguagem do amor primária de Michelle era aquilo que chamo de atos de serviço. Com isso, refiro-me a fazer coisas que sabemos que o cônjuge gostaria que fizéssemos. Procura-se agradar por meio do serviço; é expressar amor por ele fazendo coisas para ele. Era assim com Doug, que conhecemos no capítulo anterior.

Ações como preparar a refeição, colocar a mesa, lavar a louça, passar o aspirador, limpar a cômoda, trocar a fralda do bebê, tirar o pó da estante, manter o carro em condições de uso, pagar as contas, cortar a grama, levar o cachorro para passear, limpar a caixa de areia do gato e lidar com o proprietário da casa e as seguradoras são todos atos de serviço. Exigem dedicação, planejamento, tempo, esforço e energia. Se realizados com um espírito positivo, são verdadeiras expressões de amor.

Conversas na cidade do moinho

Descobri o impacto dos atos de serviço na pequena cidade de China Grove, Carolina do Norte. China Grove fica no centro do estado, fundada em torno de uma floresta de cinamomos, não muito longe da lendária Mayberry de Andy Griffith, e a uma hora e meia de Mount Pilot. Na época da história relatada a seguir, China Grove era uma cidade têxtil, com uma população de 1.500 pessoas. Não visitei aquele local por mais de dez anos, devido a meus estudos de antropologia, psicologia e teologia. Estava fazendo minha visita semestral para manter contato com minhas raízes.

Quase todas as pessoas que eu conhecia, com exceção do dr. Shin e do dr. Smith, trabalhavam no moinho. O dr. Shin era médico, e o dr. Smith, dentista. E, é claro, havia o pregador Blackburn, que era pastor da igreja. Para a maioria dos casais em China Grove, a vida girava em torno do trabalho e da igreja. A conversa no moinho se concentrava na última decisão do superintendente e como ela afetava o trabalho deles em particular. Os cultos na igreja enfocavam basicamente a esperança das alegrias do céu. Nesse cenário norte-americano remoto, descobri a quarta linguagem do amor.

"É possível existir um bom casamento mesmo que o casal discorde em tudo?"

Estava em pé debaixo de um cinamomo depois do culto na igreja, no domingo, quando Mark e Mary se aproximaram de mim. Não reconheci nenhum deles. Presumi que eles haviam crescido enquanto estive fora. Ao apresentar-se, Mark disse:

— Pelo que entendi, o senhor tem estudado aconselhamento.

Sorri e disse:

— Bem, um pouquinho.

— Tenho uma pergunta. É possível existir um bom casamento mesmo que o casal discorde em tudo?

Esse foi um típico exemplo de pergunta teórica com fundo pessoal. Descartei a natureza teórica da pergunta e fiz uma pergunta particular:

— Há quanto tempo vocês estão casados?

— Dois anos — respondeu ele. — E não concordamos em nada.

— Dê-me alguns exemplos.

— Bem, para começo de conversa, Mary não gosta que eu saia para caçar. Trabalho a semana inteira no moinho e gosto de sair para caçar aos sábados. Não todos os sábados, mas somente quando a temporada de caça está aberta.

Calada até esse momento, Mary interveio:

— Quando a estação de caça termina, ele sai para pescar. Além disso, ele não caça apenas aos sábados. Ele sai do trabalho para ir caçar.

— Uma vez por ano eu tiro dois ou três dias de folga para ir caçar nas montanhas com alguns amigos. Não creio que haja algo de errado nisso.

— Em que mais vocês discordam? — perguntei.

— Bom, ela quer que eu vá à igreja o tempo todo. Não vejo problema em ir no domingo de manhã, mas gosto de descansar à noite. Não me importo que ela vá, mas não acho que eu tenho de ir.

Mary interrompeu mais uma vez:

— No fundo, você também não quer que eu vá. Fica irritado toda vez que saio pela porta.

Sabia que as coisas não deveriam esquentar dessa maneira debaixo daquela árvore frondosa defronte a uma igreja. Jovem aspirante a conselheiro, eu temia que a situação toda estivesse acima de minha capacidade. Instruído a fazer perguntas e a ouvir, porém, continuei.

— Sobre que outras coisas vocês discordam?

Dessa vez, Mary respondeu:

— Ele quer que eu fique em casa o dia todo e faça os serviços domésticos. Ele fica louco se saio para ver minha mãe, fazer compras ou qualquer outra coisa.

Ele a interrompeu:

— Não me importo que ela vá visitar a mãe, mas, quando chego em casa, quero encontrar a casa limpa. Há semanas em que ela não arruma a cama por três ou quatro dias e, na metade das vezes, nem começou a preparar o jantar quando chego em casa. Trabalho bastante e gostaria de comer ao chegar. Além disso, a casa está um desastre. Os brinquedos do bebê ficam espalhados pelo chão da casa inteira, o bebê está sujo, e eu não gosto de sujeira. Ela parece feliz em viver num chiqueiro. Não temos muito dinheiro, vivemos numa casa pequena do moinho, mas pelo menos poderia estar limpa.

Então Mary perguntou:

— Qual o problema de ele me ajudar com as coisas da casa? Ele age como se o marido não precisasse fazer nenhum serviço doméstico. Tudo o que deseja é trabalhar e caçar. Ele espera que eu faça tudo.

Pensando que deveria começar a buscar soluções em vez de procurar mais discordâncias, olhei para Mark e perguntei:

— Mark, quando vocês namoravam, antes de se casarem, você saía para caçar todos os sábados?

— Na maioria, sim. Mas sempre chegava em casa a tempo de vê-la no sábado à noite. Na maior parte das vezes, havia tempo de lavar minha caminhonete antes de sairmos. Não gostava de me encontrar com ela com a caminhonete suja.

— Mary, quantos anos você tinha quando se casou? — perguntei.

Ela respondeu:

— Dezoito. Casamos logo depois de eu terminar o ensino médio. Mark se formou um ano antes de mim e já trabalhava.

— No último ano do ensino médio, com que frequência Mark vinha vê-la?

— Quase toda noite. Na verdade, vinha de tarde, e era comum ele ficar e jantar com minha família. Ele me ajudava com as tarefas de casa e, depois, nos sentávamos e conversávamos até a hora do jantar.

— Mark, o que vocês dois costumavam fazer depois do jantar? — perguntei.

Com um sorriso acanhado, Mark olhou para mim e disse:

— Bem, as coisas normais de namorados, você sabe.

Mary então interrompeu:

— Mas, se eu tivesse alguma coisa da escola para fazer, ele me ajudava. Às vezes passávamos horas trabalhando em tarefas escolares. Eu fiquei encarregada de uma decoração de Natal no último ano. Ele me ajudou durante três semanas, todas as tardes. Ele era ótimo.

Mudei o foco e me concentrei na terceira área de discordância do casal.

— Mark, durante o namoro, você ia à igreja com Mary nas noites de domingo?

— Sim. Se eu não fosse com ela à igreja, não poderia vê-la à noite. O pai dela era bastante exigente.

Parecia-me haver uma luz no fim do túnel, mas não estava certo de que Mark e Mary conseguiam vê-la. Dirigi-me para Mary e perguntei:

— Quando você namorava o Mark, o que a convenceu de que ele realmente a amava? O que o tornava diferente dos outros rapazes que você conhecia?

— A maneira que ele me ajudava com tudo. Mark tinha desejo de me ajudar. Nenhum dos outros rapazes expressou interesse nessas coisas, mas isso parecia normal para Mark. Ele até mesmo me ajudava a lavar a louça quando jantávamos em nossa casa. Era a pessoa mais maravilhosa que eu havia conhecido, mas depois que nos casamos, tudo mudou. Ele não me ajuda em mais nada.

Voltando-me para Mark, perguntei:

— Por que você acha que fazia todas aquelas coisas por ela e com ela antes de se casarem?

— Simplesmente parecia natural para mim. Era o que eu gostaria que alguém fizesse por mim caso se importasse comigo.

— E, a seu ver, qual a razão de ter parado de ajudá-la depois que se casaram?

— Bem, acho que esperava que funcionasse como em minha família. Meu pai trabalhava, e minha mãe cuidava das coisas de casa. Nunca vi meu pai passando aspirador de pó, lavando a louça ou qualquer outro serviço doméstico. Como minha mãe não trabalhava fora, ela mantinha tudo brilhando, preparava todas as refeições, lavava e passava. Talvez eu deduzi que era assim que as coisas deveriam ser.

Na esperança de que Mark enxergasse o que eu estava vendo, perguntei:

— Mark, um minuto atrás, o que você ouviu Mary dizer quando perguntei a ela o que a fazia se sentir realmente amada durante o namoro?

Ele respondeu:

— Ajudá-la com as coisas e fazer atividades com ela.

— Sendo assim, consegue entender como ela deve ter se sentido não amada quando você parou de ajudá-la com as coisas?

Ele concordou com a cabeça. Continuei:

— Para você, era normal seguir o modelo de sua mãe e de seu pai no casamento. A maioria de nós tende a fazer isso, mas seu comportamento para com Mary mudou radicalmente em relação ao período do namoro. A única coisa que a assegurava do seu amor desapareceu.

Em seguida, olhei para Mary e perguntei:

— O que você ouviu Mark dizer quando perguntei a ele a razão de fazer todas aquelas coisas para ajudá-la durante o período de namoro?

— Ele disse que aquilo era natural para ele.

— Exato. Mark disse também que era isso que ele queria que alguém fizesse por ele se a pessoa o amasse. Ele fazia todas aquelas coisas por você e com você porque, na cabeça dele, essa é a maneira de uma pessoa demonstrar amor. Assim que vocês se casaram e passaram a viver em sua própria casa, ele tinha expectativas em relação a sua forma de agir se você o amasse. Você manteria a casa limpa, cozinharia e assim por diante. Em resumo, faria coisas para expressar seu amor. Como não a viu fazer essas coisas, ele não se sentiu amado. Entende isso?

Mary também concordou, balançando a cabeça. Prossegui:

— Meu palpite é que a razão de vocês dois estarem tão infelizes em seu casamento é que nenhum demonstra amor ao fazer coisas pelo outro.

Mary disse:

— Acho que o senhor está certo, e a razão de eu ter parado de fazer coisas para ele é que me ressenti do espírito exigente dele. Era como se ele tentasse me transformar na mãe dele.

— É verdade — disse eu. — E ninguém gosta de ser forçado a fazer nada. De fato, o amor é sempre dado livremente. Não se pode exigi-lo. Podemos pedir coisas um ao outro, mas jamais devemos exigir algo. Os pedidos direcionam o amor, mas as exigências interrompem seu fluxo.

Então Mark disse:

— Mary está certa. Eu era exigente e crítico porque estava decepcionado com ela como esposa. Sei que disse algumas coisas cruéis, e entendo por que ela estaria chateada comigo.

— Penso que as coisas podem ser revertidas de maneira bem fácil a essa altura — disse eu.

Tirei um bloco de anotações do bolso e continuei:

— Vamos tentar uma coisa. Quero que cada um de vocês se sente num degrau da igreja e faça uma lista de pedidos. Mark, quero que anote três ou quatro coisas que, se Mary optasse por fazer, você se sentiria amado quando chegasse em casa no final da tarde. Se encontrar a cama arrumada é importante para você, então escreva. Mary, quero que faça uma lista de três ou quatro coisas em que gostaria muito de ter a ajuda de Mark, coisas que, se ele optasse por fazer, ajudariam você a saber que ele a ama.

(Adoro listas; elas nos forçam a pensar de maneira concreta.)

Depois de cinco ou seis minutos, os dois me entregaram suas listas. Eis a lista de Mark:

- Arrumar as camas todos os dias.
- Lavar o rosto do bebê antes de eu chegar em casa.
- Colocar os sapatos no armário antes de eu voltar do trabalho.
- Tentar pelo menos começar o preparo do jantar antes de eu chegar em casa, de modo que possamos comer cerca de 30 ou 45 minutos após minha chegada.

Li a lista em voz alta e disse a Mark:

— Entendo que você está dizendo que, se Mary optar por fazer essas quatro coisas, você as enxergará como atos de amor por você.

Ele respondeu:

— Isso mesmo. Se ela fizer essas quatro coisas, me ajudará bastante a mudar minha atitude em relação a ela.

Em seguida, li a lista de Mary:

- Gostaria que ele lavasse o carro toda semana em vez de esperar que eu faça isso.

- Gostaria que ele trocasse a fralda do bebê depois de chegar em casa de tarde, especialmente se eu estiver preparando o jantar.
- Gostaria que ele passasse o aspirador de pó pela casa uma vez por semana.
- Gostaria que ele cortasse a grama semanalmente durante o verão e não a deixasse tão alta a ponto de eu sentir vergonha do nosso jardim.

Então eu disse:

— Mary, entendo que você está dizendo que, se Mark optar por fazer essas quatro coisas, você receberá as ações dele como expressões genuínas de amor por você.

— Isso mesmo. Seria maravilhoso se ele fizesse essas coisas para mim.

— A lista lhe parece razoável, Mark? É possível você fazer essas coisas?

— Sim — respondeu ele.

— Mary, os itens da lista de Mark lhe parecem razoáveis e factíveis? Você acha que seria capaz de realizá-las se optasse por fazer isso?

— Sim — disse ela. — Posso fazer essas coisas. No passado, me sentia sobrecarregada porque, não importava o que eu fizesse, nunca era suficiente.

Voltei-me para Mark:

— Você entende que estou sugerindo uma mudança de modelo de casamento em relação ao de seus pais?

— Ah, mas meu pai cortava a grama e lavava o carro.

— Mas não trocava as fraldas nem passava aspirador, certo?

— Certo.

— Você não precisa fazer isso, entendeu? Se fizer, porém, será um ato de amor para Mary.

Também falei com Mary:

— Você entende que não precisa fazer essas coisas, mas, se deseja expressar amor por Mark, aí estão quatro maneiras significativas para ele. Quero sugerir que vocês tentem fazer isso por dois meses e analisem se isso os ajudará. No final desse tempo, talvez queiram adicionar outros pedidos à lista e compartilhá-los. Eu, porém, não adicionaria mais de um pedido por mês.

— Isso faz muito sentido — disse Mary.

— Penso que você nos ajudou bastante — adicionou Mark.

Deram-se as mãos e seguiram em direção ao carro. Pensei comigo mesmo: "Acredito que é isso que a igreja deve ser. Acho que vou gostar de ser conselheiro". Nunca me esqueci da percepção adquirida debaixo daquele cinamomo.

Depois de anos de pesquisa, dei-me conta da situação singular que Mark e Mary me apresentaram. É muito raro encontrar um casal em que os dois possuem a mesma linguagem do amor. Atos de serviço eram a linguagem do amor primária tanto para Mark quanto para Mary. Centenas de indivíduos podem se identificar com ele ou com ela e reconhecer que a principal maneira de se sentirem amados ocorre por meio de atos de serviço da parte de seu cônjuge. Guardar os sapatos, trocar as fraldas do bebê, lavar a louça ou o carro, passar o aspirador ou cortar a grama são atitudes que falam muito alto à pessoa cuja linguagem do amor primária são atos de serviço.

Você pode estar pensando: "Se Mark e Mary possuíam a mesma linguagem do amor primária, por que tinham tantos problemas?". A resposta reside no fato de eles falarem dialetos diferentes. Faziam coisas um para o outro, mas não as mais importantes. Forçados a pensar de forma concreta, identificaram facilmente seus dialetos específicos. Para Mary, consistia em lavar o carro, trocar a fralda do bebê, passar o aspirador na casa e cortar a grama, enquanto, para Mark, era arrumar a cama, lavar o rosto do bebê, colocar os sapatos no armário e ter o jantar encaminhado quando ele chegasse em casa do trabalho. Quando começaram a falar os dialetos corretos, o tanque de amor de ambos começou a se encher. Como atos de serviço eram a linguagem do amor primária deles, aprender o dialeto específico do outro foi relativamente fácil.

Antes de nos despedirmos de Mark e Mary, gostaria de fazer outras três observações. Primeiro, eles ilustram claramente que o que fazemos pelo outro antes do casamento não é indicativo do que faremos depois de casados. Antes do casamento, somos impulsionados pela força obsessiva da paixão. Depois do casamento, voltamos a ser quem éramos antes de nos apaixonarmos. Nossas ações são influenciadas pelo modelo de nossos pais, nossa própria personalidade, nossas percepções do amor, nossas emoções, necessidades e nossos desejos. Apenas uma coisa é certa em relação a nosso comportamento: ele não será o mesmo de quando estávamos apaixonados.

> O que fazemos pelo outro antes do casamento não é indicativo do que faremos depois de casados.

Isso me leva à segunda verdade ilustrada por Mark e Mary. O amor é uma escolha e não pode ser forçado. Os dois criticavam o comportamento um do outro e não chegavam a lugar algum. Assim que decidiram fazer pedidos em vez de exigências, o casamento começou a se transformar. As críticas e as exigências tendem a promover o afastamento. Com certa quantidade de críticas, você pode obter a concordância de seu cônjuge. Ele pode fazer o que você deseja, mas provavelmente não será uma expressão de amor. Você pode dar orientação ao amor por meio de pedidos como: “Gostaria que você lavasse o carro (ou trocasse a fralda do bebê, ou cortasse a grama)”, mas não pode criar a vontade de amar. Cada um de nós decide diariamente amar ou não nosso cônjuge. Se escolhermos amar, então expressar esse amor da maneira que nosso cônjuge pede tornará nosso amor mais eficiente em termos emocionais.

Existe uma terceira verdade que apenas o casal maduro será capaz de ouvir. As críticas feitas por meu cônjuge sobre meu comportamento me oferecem a indicação mais clara de qual é a linguagem do amor primária dele. As pessoas tendem a criticar seu cônjuge com mais intensidade na área onde elas próprias têm maior necessidade emocional. A crítica é uma maneira ineficaz de implorar amor. Entendido isso, teremos maior facilidade de processar as críticas mais produtivamente. Uma esposa pode dizer a seu marido depois de ele a ter criticado: "Entendo que isso é extremamente importante para você. Por favor, você poderia me explicar por que isso é tão fundamental?". As críticas normalmente pedem esclarecimentos; uma conversa desse tipo pode transformar a crítica num pedido, e não em uma exigência. O fato de Mary criticar constantemente as saídas de Mark para caçar não era uma expressão de seu ódio pelo esporte. Ela culpava a caça de ser a prática que o impedia de lavar o carro, passar o aspirador na casa e cortar a grama. Quando ele aprendeu a satisfazer a necessidade de amor dela ao falar sua linguagem emocional, ela se tornou livre para apoiá-lo em sua caça.

As pessoas tendem a criticar seu cônjuge com mais intensidade na área onde elas próprias têm maior necessidade emocional.

Capacho ou amado?

"Eu o sirvo há vinte anos. Dou preferência a ele em tudo. Fui seu capacho enquanto ele me ignorava, maltratava e humilhava na frente de meus amigos e de minha família. Não o odeio.

Não lhe desejo nenhum mal, mas me ressinto dele e não quero mais viver ao seu lado." Essa esposa realizou atos de serviço por vinte anos, mas eles não eram expressões de amor. Eram realizados em razão do medo, da culpa e do ressentimento.

Um capacho é um objeto inanimado. Você pode limpar os pés nele, pisá-lo, chutá-lo ou qualquer coisa que desejar. Ele não tem vontade própria. Ele pode ser seu servo, mas não seu amado. Excluímos a possibilidade do amor quando tratamos nosso cônjuge como objeto. A manipulação através da culpa ("Se você fosse um bom marido, faria isso por mim") não é a linguagem do amor. A coerção pelo medo ("Faça isso, senão você vai se arrepender") é algo estranho ao amor. Ninguém deve ser um capacho. Podemos nos permitir ser usados, mas somos criaturas com emoções, pensamentos e desejos; temos a capacidade de tomar decisões e de agir. Permitir-se ser usado ou manipulado por outra pessoa não é um ato de amor, mas de traição. Você permite que a outra pessoa desenvolva hábitos desumanos. O amor diz: "Eu o amo demais para permitir que você me trate dessa maneira. Isso não é bom nem para mim nem para você".

O amor diz: "Eu o amo demais para permitir que você me trate dessa maneira. Isso não é bom nem para mim nem para você".

O aprendizado da linguagem de atos de serviço exige que reexaminemos nossos estereótipos dos papéis de marido e esposa. Esses papéis estão em constante mudança, mas modelos de nosso passado podem perdurar. Mark estava fazendo o que a maioria de nós faz naturalmente: seguindo o modelo de seu pai e de sua mãe. Nem isso, porém, ele fazia direito. Seu pai lavava o carro e cortava a grama. Não era o caso de Mark, mas essa era sua imagem mental relativa às obrigações de um marido. Ele definitivamente não se via passando aspirador na casa nem trocando as fraldas do bebê. É preciso ser justo e dizer que ele se dispôs a romper com esse estereótipo assim que percebeu a importância que Mary conferia a essas coisas. Precisamos fazer o mesmo se a linguagem do amor primária do cônjuge nos pedir algo que pareça impróprio a nosso papel.

Devido às mudanças sociológicas dos últimos quarenta anos, não nos apegamos mais a certas noções dos papéis masculino e feminino na sociedade ocidental. Isso não significa, contudo, que todos os estereótipos foram erradicados. Significa, pelo contrário, que o número de estereótipos se multiplicou. Antes do maior poder de alcance da mídia, a ideia do que o marido ou a esposa deveriam fazer e como cada um deles deveria agir era influenciada basicamente pelos próprios pais da pessoa. No entanto, com a inserção da televisão, o aumento da mobilidade, a crescente diversidade cultural e a proliferação de famílias de pais solteiros, os modelos são muitas vezes influenciados por forças externas ao lar. Sejam quais forem suas percepções a respeito, é bem possível que seu cônjuge entenda os papéis conjugais de maneira um pouco diferente de você. Uma disposição de examinar e mudar os estereótipos é necessária para que se possa expressar amor de forma eficiente. Lembre-se de que não há recompensas em manter-se os estereótipos, mas existem enormes benefícios em satisfazer as necessidades emocionais de seu cônjuge.

Recentemente, uma esposa me disse:

— Dr. Chapman, vou mandar todas as minhas amigas ao seu seminário.

— E por que você faria isso? — perguntei.

— Porque ele mudou radicalmente meu casamento. Antes do seminário, Bob não me ajudava em nada. Nós dois começamos a trabalhar logo depois da universidade, mas sempre coube a mim a responsabilidade de fazer o serviço doméstico. Era como se nunca passasse pela mente dele que fosse preciso me ajudar com alguma coisa. Depois do seminário, ele começou a me perguntar: "Que posso fazer para ajudá-la hoje à noite?". Foi maravilhoso. No início, não pude acreditar que aquilo estava acontecendo, mas essa postura já persiste por três anos.

Depois de fazer uma pausa, ela prosseguiu:

— Tenho de admitir que houve momentos difíceis e engraçados naquelas primeiras semanas, porque ele não sabia fazer nada. Na primeira vez em que ajudou a colocar as roupas para lavar, usou água sanitária concentrada em vez de sabão em pó. Nossas toalhas azuis saíram da máquina cheias de manchas brancas. Depois, ele usou pela primeira vez o triturador de alimentos da pia. Fez um barulho estranho e, pouco depois, bolhas de sabão começaram a sair do ralo da pia ao lado. Ele não sabia o que estava acontecendo, até que desliguei o triturador, coloquei a mão lá dentro e tirei os restos de uma barra novinha de sabão, que agora tinha o tamanho de uma moeda. Mas ele estava me amando em minha linguagem, e meu tanque estava se enchendo. Agora ele sabe como fazer as coisas da casa e sempre me ajuda. Temos muito mais tempo juntos porque não preciso trabalhar o tempo todo. Acredite, aprendi a linguagem dele e mantenho seu tanque cheio também.

Será que é realmente simples assim?

Simples? Sim. Fácil? De modo algum. Bob teve de se esforçar bastante para romper com o estereotipo que o acompanhou por 35 anos. Não foi fácil, mas ele lhe diria que aprender a linguagem do amor primária de sua esposa e escolher falar essa linguagem produz uma enorme diferença no clima emocional de um casamento. Agora, prossigamos para a quinta linguagem do amor.

Sua vez

Muitos atos de serviço envolvem tarefas da casa, mas nem todos. De que outras maneiras, não ligadas ao serviço doméstico, você pode servir a seu cônjuge?

Se a linguagem do amor do seu cônjuge são ATOS DE SERVIÇO:

1. Faça uma lista de todos os pedidos que seu cônjuge lhe fez nas últimas semanas. Escolha um deles por semana e o realize como expressão de amor.
2. Imprima cartões com a frase "Hoje mostrarei amor por você fazendo isto: ...". Complete a sentença com coisas como: arrumar a bagunça, pagar as contas, consertar algo que esteja quebrado há muito tempo, arrancar o mato do jardim. (Você recebe pontos extra se realizar uma tarefa que tem sido adiada.)
   Três vezes ao mês, entregue a seu cônjuge um bilhete de amor acompanhado do ato de serviço.
3. Peça a seu cônjuge uma lista das dez coisas que ele gostaria que você fizesse no próximo mês. Depois, peça-lhe que priorize os itens da lista enumerando-os de 1 a 10. Use a lista para planejar sua estratégia para um mês de amor. (Prepare-se para viver com um cônjuge feliz.)
4. Enquanto seu cônjuge estiver fora, peça às crianças que o ajudem com algum ato de serviço para ele. Quando ele entrar pela porta, reúna as crianças e gritem: "Surpresa! Nós amamos você!". Depois, falem sobre o ato de serviço.
5. De qual ato de serviço seu marido reclama regularmente? Tome a decisão de encarar a queixa como uma indicação. Seu cônjuge está indicando que aquele ato é muito importante para ele. Se você escolher realizá-lo como uma expressão de amor, valerá mais que mil rosas.

6. Se os pedidos feitos a seu cônjuge são recebidos como reclamação ou desprezo, tente escrevê-los em palavras que sejam menos ofensivas. Compartilhe essa revisão do palavreado com seu cônjuge. Por exemplo: "O jardim sempre parece bonito, e realmente aprecio o que você faz. Adoraria agradecer-lhe desde já por cuidar do gramado nesta semana antes de Julie e Ben jantarem conosco". Quem sabe seu marido responda: "Cadê o cortador de grama? Mal posso esperar!". Experimente e veja.
7. Realize um grande ato de serviço, como organizar o escritório de casa; depois, coloque um bilhete no local com as palavras "Para (nome do cônjuge), com amor", e assine seu nome.
8. Se você tiver mais dinheiro que tempo, contrate alguém para realizar o ato de serviço que você sabe que seu cônjuge gostaria que você realizasse, como um trato geral no jardim ou uma limpeza completa da casa.
9. Peça para seu cônjuge dizer diariamente os atos de serviço que de fato lhe transmitem amor. Procure incorporá-los à sua agenda diária. "Coisas pequenas" significam muito.

Palavras de afirmação
Tempo de qualidade
Presentes
Atos de serviço
Toque físico

CAPÍTULO 8

Quinta linguagem do amor: Toque físico

Há muito tempo se sabe que o toque físico é uma maneira de comunicar amor emocional. Diversos projetos de pesquisa na área de desenvolvimento infantil chegaram a esta conclusão: os bebês que são segurados, abraçados e beijados desenvolvem uma vida emocional mais saudável que aqueles que são deixados longos períodos de tempo sem contato físico.

O toque físico também é um poderoso veículo para comunicar amor conjugal. Andar de mãos dadas, beijar, abraçar e ter relações sexuais são formas de comunicar amor emocional a seu cônjuge. O toque físico é a linguagem do amor primária de algumas pessoas. Sem o toque, elas não se sentem amadas. Com ele, o tanque emocional se enche e elas se sentem seguras do amor de seu cônjuge.

O poder do toque

Dos cinco sentidos, o tato, diferentemente dos outros quatro, não se limita a uma área localizada do organismo. Pequenos receptores tácteis estão espalhados por todo o corpo. Quando esses receptores são tocados ou pressionados, os nervos transportam impulsos até o cérebro, que os interpreta, e então percebemos que o que nos tocou é quente ou frio, duro ou macio, causa dor ou prazer. É possível interpretá-los também como amoroso ou hostil.

Algumas partes do corpo são mais sensíveis que outras. A diferença se deve ao fato de os pequenos receptores tácteis não estarem espalhados uniformemente, mas arranjados em agrupamentos. Assim, a ponta da língua é altamente sensível ao toque, enquanto a área atrás dos ombros é a menos sensível. A ponta dos dedos e do nariz são outras áreas extremamente sensíveis. Nosso propósito, porém, não é entender a base neurológica do sentido do tato, mas, sim, sua importância psicológica.

O toque físico pode beneficiar ou prejudicar um relacionamento. Pode comunicar ódio ou amor. Para a pessoa cuja linguagem do amor primária é toque físico, a mensagem soará muito mais alto que as palavras "Odeio você" ou "Amo você". Um tapa no rosto é prejudicial a qualquer criança, mas é devastador para aquela cuja linguagem do amor primária é toque físico. Um abraço terno comunica amor a qualquer criança, mas ele é extremamente válido àquela cuja linguagem do amor primária é toque físico. Funciona do mesmo modo com os adultos.

No casamento, o toque de amor pode assumir diversas formas. Uma vez que os receptores tácteis estão espalhados por todo o corpo, o toque amoroso no cônjuge em praticamente qualquer parte pode expressar amor. Isso não significa que todos os toques são iguais. Alguns trarão mais prazer a seu cônjuge do que outros. Seu melhor instrutor é o próprio cônjuge, sem dúvida. Afinal, ele é a pessoa a quem você procura amar. Ele sabe melhor que ninguém o que entende ser um toque amoroso. Não insista em tocar seu cônjuge do seu jeito e na hora em que você desejar. Aprenda a falar o dialeto de amor dele. Seu cônjuge pode considerar alguns toques desconfortáveis ou irritantes. Insistir com esses toques comunica o oposto do amor. É dizer que você não é sensível às necessidades dele e que pouco se importa com as percepções do que ele considera agradável. Não cometa o erro de acreditar que o toque prazeroso para você também dará prazer a seu cônjuge.

Os toques amorosos podem ser explícitos e exigir sua total atenção, como um carinho nas costas ou uma preliminar sexual, culminando no ato em si. Por outro lado, os toques podem ser implícitos e exigir apenas um instante, como colocar a mão no ombro do cônjuge enquanto você enche sua xícara de café ou roçar seu corpo no dele enquanto passa pela cozinha. Toques amorosos explícitos obviamente levam mais tempo, não apenas no toque propriamente dito, mas no desenvolvimento de sua compreensão sobre como comunicar amor a seu cônjuge dessa maneira. Se uma massagem nas costas comunica amor em alto volume, então o tempo, o dinheiro e a energia gasta para aprender a massagear serão um bom investimento. Se a relação sexual é o dialeto primário de seu cônjuge, ler e discutir sobre a arte do amor sexual certamente aprimorará sua expressão de amor.

> Não cometa o erro de acreditar que o toque prazeroso para você também dará prazer a seu cônjuge.

Os toques amorosos implícitos exigem pouco tempo, porém muita concentração, especialmente se toque físico não for sua linguagem do amor primária e se você não cresceu numa família propensa ao toque. Sentar perto do outro enquanto ele assiste ao programa de televisão favorito não exige nenhum tempo adicional, mas comunica seu amor em alto e bom som. Tocar seu cônjuge enquanto passa pela sala onde ele está sentado leva apenas um instante. Tocar no outro quando estiver saindo e novamente quando voltar pode envolver apenas um beijo ou um abraço breves, mas é algo que significará muito para seu cônjuge.

Ao descobrir que toque físico é a linguagem do amor primária do cônjuge, sua imaginação será o único limite quanto às maneiras de expressar amor. Inventar novos jeitos e locais onde tocar pode ser um desafio excitante. Se você nunca tocou seu cônjuge por baixo da mesa, talvez descubra que essa prática pode acender fagulhas em seu jantar num restaurante. Se não estiver acostumado a segurar as mãos de seu cônjuge em público, talvez descubra que pode encher o tanque de amor emocional dele enquanto passeiam de mãos dadas pelo estacionamento. Se vocês normalmente não se beijam assim que entram no carro, quem sabe percebam que isso pode melhorar muito suas viagens. Abraçar seu cônjuge antes de ele sair para fazer compras talvez não expresse apenas amor, mas pode trazê-lo mais cedo para casa. Tente novos toques em novos lugares e permita que seu cônjuge lhe diga se acha aquilo agradável ou não. Lembre-se: ele tem a palavra final. Você está aprendendo a falar a linguagem dele.

O corpo existe para ser tocado

Tudo o que há em mim habita em meu corpo. Tocar meu corpo significa tocar em mim. Afastar-se do meu corpo significa distanciar-se emocionalmente de mim. Em nossa sociedade, o aperto de mão é uma maneira de comunicar abertura e intimidade social à outra pessoa. Quando, em raras ocasiões, um homem se recusa a apertar a mão de outro, a mensagem comunicada é que as coisas não vão bem nesse relacionamento. Todas as sociedades possuem alguma forma de toque físico como meio de saudação social. O americano típico talvez não se sinta muito à vontade com os abraços fortes e os beijos dos brasileiros, mas no Brasil esse cumprimento tem a mesma função do aperto de mão nos Estados Unidos.

Existem maneiras próprias e impróprias de tocar pessoas do sexo oposto em todas as sociedades. A atenção que se dá hoje em dia ao assédio sexual tem ressaltado as maneiras impróprias. No casamento, porém, o que é próprio ou impróprio é determinado pelo casal, dentro de certas orientações bem amplas. O abuso físico, obviamente, é considerado impróprio pela sociedade, e organizações sociais foram criadas para ajudar homens e mulheres vítimas de violência doméstica. É evidente que nosso corpo foi feito para o toque, e não para o abuso.

> É evidente que nosso corpo foi feito para o toque, e não para o abuso.

Vivemos num tempo caracterizado como a era da abertura e da liberdade sexual. Com essa liberdade, demonstramos que o casamento aberto, no qual os dois cônjuges estão livres para ter intimidade sexual com outros indivíduos, é algo fantasioso. Os que não têm objeções morais apresentam objeções emocionais. Alguma coisa em nossa necessidade de intimidade e amor não nos permite oferecer a nosso cônjuge tal liberdade. A dor emocional é profunda, e a intimidade se evapora quando tomamos conhecimento de que nosso cônjuge se envolveu sexualmente com outra pessoa. Os arquivos dos conselheiros estão repletos de registros de maridos e esposas que tentam lidar com o trauma emocional de um cônjuge infiel. Esse trauma, porém, é ampliado para o indivíduo cuja linguagem do amor primária é toque físico. O objeto de seu anseio profundo — o amor expresso pelo toque físico — é concedido à outra pessoa. Seu tanque de amor emocional não apenas se esvaziou; ele foi despedaçado por uma explosão. Serão necessários inúmeros reparos para suprir essas necessidades emocionais.

Crise e toque físico

No momento de crise, o abraço é quase instintivo. Por quê? Porque o toque físico é um poderoso comunicador de amor. Em situações difíceis, mais que qualquer coisa, precisamos nos sentir amados. Nem sempre conseguimos alterar os acontecimentos, mas é certamente possível superá-los se nos sentirmos amados.

Todos os casamentos sofrem crises. A morte dos pais é inevitável. Acidentes automobilísticos incapacitam e matam milhares a cada ano. A doença não respeita ninguém. As decepções fazem parte da vida. A coisa mais importante a fazer por seu parceiro num momento de crise é amá-lo. Se a linguagem do amor primária de sua esposa é toque físico, nada é mais importante que abraçá-la quando ela chorar. Suas palavras podem significar pouco, mas seu toque físico comunicará que você se importa. As crises fornecem uma oportunidade singular de expressar amor. Seu toque terno será lembrado muito tempo após a crise ter passado. A ausência do toque, porém, talvez jamais seja esquecida.

Se a linguagem do amor primária de sua esposa é toque físico, nada é mais importante que abraçá-la quando ela chorar.

"O casamento não deveria ser assim"

Desde minha primeira visita a West Palm Beach, na Flórida, muitos anos atrás, sempre recebo feliz os convites para apresentar seminários sobre casamento naquela região. Conheci Pete e Patsy numa dessas ocasiões. Eles não eram nativos da Flórida (poucos o são), mas viviam ali havia mais de vinte anos e se sentiam em casa. Uma igreja local promoveu meu seminário e, ao sair do aeroporto, o pastor me informou que Pete e Patsy haviam pedido que eu passasse a noite na casa deles. Procurei parecer animado, mas sabia, por experiência, que tal pedido normalmente significa uma sessão de aconselhamento até altas horas da noite.

Enquanto o pastor e eu entrávamos naquela grande e bem decorada casa em estilo espanhol, fui apresentado a Patsy e a

Charlie, o gato da família. Ao dar uma olhada na casa, tive a sensação de que a) os negócios de Pete iam muito bem, b) seu pai lhe deixara uma grande herança ou c) ele estava afundado em dívidas. Mais tarde, descobri que meu primeiro palpite estava correto. Quando me mostraram o quarto de hóspedes, observei que Charlie, o gato, estava à vontade, esticado sobre a cama em que eu iria dormir. Pensei: "Esse gato se deu bem!".

Pete chegou em casa pouco depois. Comemos juntos um lanche delicioso e combinamos de jantar depois do seminário. Várias horas depois, durante o jantar, fiquei esperando pelo início da sessão de aconselhamento. Ela nunca aconteceu. Em vez disso, descobri que Pete e Patsy formavam um casal saudável e feliz. Para um conselheiro, isso era uma excentricidade. Estava ansioso para descobrir o segredo deles, mas, por estar cansado e ciente de que Pete e Patsy precisariam me levar ao aeroporto no dia seguinte, decidi fazer minha avaliação quando estivesse me sentindo mais desperto.

A oportunidade surgiu durante o trajeto até o aeroporto, a cerca de quarenta e cinco minutos de distância. Pete e Patsy começaram a me contar sua história. Nos primeiros anos de seu casamento, eles tiveram dificuldades enormes. Ambos cresceram na mesma vizinhança, frequentaram a mesma igreja e se formaram na mesma escola. Os pais tinham estilo de vida e valores similares, e Pete e Patsy tinham muitos gostos semelhantes. Os dois gostavam de tênis e de velejar, e era normal falarem sobre seus vários interesses em comum. Pareciam possuir todos os atributos que tradicionalmente garantem um número reduzido de conflitos no casamento.

Os dois começaram a namorar no último ano do ensino médio. Cursaram universidades diferentes, mas se viam com frequência, e se casaram três semanas após ele receber seu diploma de administração e ela, o de sociologia. Dois meses depois, mudaram-se para a Flórida, onde Pete havia recebido uma boa proposta de emprego. A três mil quilômetros do parente mais próximo, podiam desfrutar de uma "lua de mel" sem fim. Os três primeiros meses foram excitantes: mudança, procura de um novo apartamento, desfrute da vida a dois.

Estavam casados havia seis meses quando Patsy começou a sentir que Pete se afastava dela. Ele trabalhava até tarde e, em casa, passava tempo considerável à frente do computador. Quando Patsy finalmente expressou a sensação de que ele estava se afastando, Pete lhe disse que não a estava evitando, mas que buscava se manter no topo em seu emprego. Disse que ela não entendia a pressão que ele enfrentava e quão importante era ele se sair bem no primeiro ano de trabalho. Patsy não ficou feliz, mas decidiu dar-lhe espaço.

Patsy começou a fazer amizades com outras esposas que moravam no mesmo condomínio. Tornou-se habitual, ao saber que Pete trabalharia até mais tarde, ela sair para fazer compras com suas amigas, em vez de ir direto para casa depois do trabalho. Às vezes ela não estava em casa quando Pete chegava. Aquilo o irritava profundamente, e ele a acusou de ser descuidada e irresponsável. Patsy replicou:

— Quem é o irresponsável aqui? Você nem sequer me telefona para dizer quando chegará em casa. Como posso esperá-lo aqui se nem mesmo sei a que horas você vai chegar? E, quando chega em casa, passa o tempo todo naquele computador idiota. Você não precisa de uma esposa; tudo de que precisa é um computador!

Então Pete respondeu:

— Eu preciso muito de uma esposa. Você não entende? É exatamente essa a questão. Eu preciso *muito* de uma esposa.

Mas Patsy não entendeu. Ela estava extremamente confusa. Em sua busca por respostas, Patsy foi à biblioteca pública e analisou diversos livros sobre casamento. "O casamento não deveria ser assim", raciocinou ela. "Preciso encontrar uma resposta para a nossa situação." Quando Pete ia para a sala do computador, Patsy pegava seu livro. De fato, em muitas ocasiões, ela lia até a meia-noite. Ao ir para a cama, Pete a observava e fazia comentários sarcásticos como: "Se você lesse tanto assim na universidade, teria tirado nota 10 em tudo". Patsy respondia: "Não estou na faculdade. Estou num casamento e, neste momento, ficaria satisfeita se tirasse nota 7". Pete ia dormir sem muita coisa além de uma breve olhada para o lado.

No final do primeiro ano, Patsy estava desesperada. Ela já havia mencionado o assunto antes, mas dessa vez disse calmamente a Pete:

— Vou procurar um conselheiro conjugal. Quer vir comigo?

Eis a resposta de Pete:

— Não preciso de um conselheiro conjugal. Não tenho tempo para ir a um conselheiro conjugal. Não tenho dinheiro para pagar um conselheiro conjugal.

— Então irei sozinha.

— Tudo bem, afinal é você quem precisa de aconselhamento.

A conversa acabou ali. Patsy se sentia totalmente sozinha, mas na semana seguinte marcou a consulta com um conselheiro conjugal. Depois de três sessões, o conselheiro ligou para Pete e perguntou se ele estaria disposto a conversar sobre o casamento. Pete concordou, e o processo de cura teve início. Seis meses depois, eles saíram do consultório do conselheiro com um novo casamento.

Perguntei a Pete e a Patsy:

— O que vocês aprenderam com o conselheiro que transformou seu casamento?

Pete respondeu:

— Em resumo, dr. Chapman, aprendemos a falar a linguagem do amor um do outro. O conselheiro não usou esse termo, mas, durante sua palestra de hoje, as luzes enfim se acenderam. Minha mente retornou a nossa experiência de aconselhamento e percebi que foi exatamente isso que aconteceu conosco. Finalmente aprendemos a falar a linguagem do amor um do outro.

— Então qual é sua linguagem do amor, Pete? — perguntei.

— Toque físico — disse ele, sem hesitação.

— Com certeza é toque físico — confirmou Patsy.

— E a sua, Patsy?

— Tempo de qualidade, dr. Chapman. Era isso que eu queria naqueles dias em que ele passava o tempo todo no trabalho e no computador.

— Como você descobriu que toque físico era a linguagem do amor de Pete?

— Levou um tempo. Pouco a pouco, essa percepção começou a aparecer nas sessões de aconselhamento. No início, acho que nem o próprio Pete havia percebido.

— Ela está certa — disse Pete. — Eu estava tão inseguro quanto a minha autoestima que levou uma eternidade até eu me dispor a identificar e reconhecer que a falta do toque dela fizera que eu me afastasse. Nunca disse a ela que queria ser tocado, embora estivesse gritando por dentro para que ela se aproximasse e me tocasse. Durante o namoro, sempre tomei a iniciativa de abraçar, beijar e segurar as mãos, mas ela sempre respondeu bem. Sentia que ela me amava, mas, depois de nos casarmos, houve momentos em que a procurei fisicamente e ela não correspondeu. Talvez, por causa de suas novas responsabilidades no trabalho, ela estivesse muito cansada. Não sei, mas levei aquilo para o lado pessoal. Senti que ela não me achava atraente. Então, decidi que não tomaria mais a iniciativa, pois não queria ser rejeitado. Assim, esperei para ver quanto tempo se passaria até que ela tomasse a iniciativa de me beijar ou de me tocar de alguma forma. Certa vez, esperei durante seis semanas até que ela me tocasse. Era insuportável. Eu me afastei para evitar a dor que sentia quando estava com ela. Sentia-me rejeitado e indesejado; não me sentia amado.

> "Certa vez, esperei durante seis semanas até que ela me tocasse."

Então Patsy disse:

— Não fazia ideia do que ele estava sentindo. Sabia que ele não estava me procurando. Não nos beijávamos nem nos abraçávamos como antes, mas presumi apenas que, como estávamos casados, isso já não era tão importante para ele. Sabia que ele estava sob pressão em seu trabalho. Não fazia ideia de que ele queria que eu tomasse a iniciativa. Passava semanas sem tocá-lo. Isso não me passava pela mente. Eu preparava as refeições, mantinha a casa limpa, cuidava das roupas e tentava não atrapalhá-lo. Honestamente, eu não sabia o que mais poderia fazer. Não conseguia entender seu afastamento ou sua falta de atenção comigo. Não é que eu não gostasse de toque; acontece simplesmente que isso nunca foi tão importante para mim. Passar tempo com ele, receber a atenção dele, era o que me fazia sentir amada e apreciada. Realmente não importava se ele me beijasse ou abraçasse. Contanto que me desse atenção, eu me sentia amada.

> "Passava semanas sem tocá-lo. Isso não me passava pela mente."

Fez uma pausa e prosseguiu:

— Levou muito tempo até descobrirmos a raiz do problema, mas assim que descobrimos que não supríamos as necessidades emocionais amorosas do outro, começamos a mudar as coisas. Assim que tomei a iniciativa de lhe oferecer toque físico, o que aconteceu foi maravilhoso. Sua personalidade e seu espírito mudaram drasticamente. Eu tinha um novo marido. Quando ele se convenceu de que eu de fato o amava, começou a se tornar mais responsivo às minhas necessidades.

Pete adicionou:

— O que mais me surpreendeu no seminário hoje foi a maneira que sua palestra sobre as linguagens do amor me levou de volta àquela experiência de tantos anos atrás. O senhor disse em vinte minutos algo que levei seis meses para aprender.

Respondi:

— Bem, o que importa não é quão rápido se aprende, mas quão bem se aprende. E é óbvio que vocês aprenderam bem.

Pete é apenas um dos muitos indivíduos para quem toque físico é a linguagem do amor primária. Em termos emocionais, eles anseiam que seu cônjuge os procure e os toque fisicamente. Passar a mão pelos cabelos, fazer um carinho nas costas, andar de mãos dadas, abraçar, ter relações sexuais — todos esses e outros "toques amorosos" são o suprimento de vida da pessoa cuja linguagem do amor primária é toque físico.

Sua vez

Pense em "momentos de toque" não sexual que aumentaram a intimidade do casal. O que tornou esses momentos especiais?

Se a linguagem do amor do seu cônjuge é toque físico:

1. Enquanto caminham do carro até a loja, segure a mão do seu cônjuge.

2. Enquanto fazem uma refeição juntos, deixe seu joelho cair para o lado e encostar no de seu cônjuge.
3. Vá até seu cônjuge e diga: "Já disse ultimamente que amo você?". Pegue-o nos braços e abrace-o enquanto acaricia suas costas e continue: "Você é demais!". (Resista à tentação de correr imediatamente para o quarto.) Passem para a etapa seguinte.
4. Enquanto seu cônjuge estiver sentado, vá até ele por trás e faça-lhe uma massagem nos ombros.
5. Quando estiverem sentados juntos na igreja e o pastor fizer uma oração, segure as mãos de seu cônjuge.
6. Dê início ao sexo fazendo uma massagem nos pés de seu cônjuge. Continue em outras partes do corpo, contanto que isso traga prazer a ele.
7. Quando familiares ou amigos visitarem vocês, toque seu cônjuge na presença deles. O ato de colocar seu braço em torno do cônjuge enquanto conversam ou simplesmente colocar as mãos nos ombros dele diz: "Mesmo com todas essas pessoas em nossa casa, ainda vejo você".
8. Quando seu cônjuge chegar em casa, receba-o um passo antes do normal e dê-lhe uma grande saudação de boas-vindas. A ideia é variar a rotina e aprimorar uma pequena "experiência de toque".

CAPÍTULO 9

Descubra sua linguagem do amor primária

Descobrir a linguagem do amor primária de seu cônjuge é essencial se você deseja manter o tanque de amor emocional dele cheio. Antes, porém, vamos nos certificar de que você sabe qual é a sua linguagem do amor. Depois de ler sobre as cinco linguagens do amor emocional, a saber,

Palavras de afirmação
Tempo de qualidade
Presentes
Atos de serviço
Toque físico,

alguns indivíduos saberão instantaneamente qual é sua linguagem do amor primária e qual é a de seu cônjuge. Para outras pessoas, não será assim tão fácil. Alguns são como Marcus, que, depois de ouvir sobre as linguagens do amor emocional, disse-me:

— Não sei bem. Parece que duas dessas linguagens têm tudo a ver comigo.

— Quais delas? — perguntei.

— Toque físico e palavras de afirmação.

— O que você entende por "toque físico"?

— Bem, sexo, em especial — respondeu Marcus.

Procurei sondar um pouco mais:

— Você gosta que sua esposa passe as mãos em seu cabelo, massageie suas costas, segure sua mão, beije ou abrace você em outros momentos que não sejam a relação sexual?

— Essas coisas são boas. Não vou desprezá-las, mas o principal é a relação sexual. É quando eu sei que ela realmente me ama.

Deixando o assunto do toque físico de lado por um instante, voltei-me para as palavras de afirmação:

— Quando você diz que palavras de afirmação também são importantes, que tipo de afirmação você considera mais útil?

—Praticamente qualquer coisa, contanto que seja positiva. Quando ela diz que estou bem vestido, que sou inteligente, quando ela elogia meus esforços no trabalho, demonstra apreço pelas coisas que faço em casa, faz comentários positivos sobre o tempo que passo com as crianças, quando ela diz que me ama, todas essas coisas significam muito para mim.

— Seus pais lhe faziam esse tipo de comentário durante sua infância?

— Não muito. De meus pais eu recebia sobretudo palavras críticas ou reclamações. Acho que é por isso que gostei de Alicia desde o início, porque ela vivia me dizendo palavras de afirmação.

— Deixe-me perguntar uma coisa: Se Alicia satisfizesse suas necessidades sexuais, ou seja, se vocês mantivessem relações sexuais de qualidade com a frequência desejada, mas lhe dissesse palavras negativas, fizesse críticas, se às vezes o envergonhasse na frente de outras pessoas, você acha que ainda assim se sentiria amado por ela?

— Acredito que não. Creio que me sentiria traído e profundamente magoado. Acho que ficaria deprimido.

Então eu disse:

— Marcus, creio que acabamos de descobrir que sua linguagem do amor primária são palavras de afirmação. As relações sexuais são extremamente importantes para você e para seu senso de intimidade com Alicia, mas as palavras de afirmação dela são mais importantes em termos emocionais. Se Alicia fosse verbalmente crítica o tempo todo e o envergonhasse na frente de outras pessoas, chegaria um momento em que você não mais desejaria ter relações com sua esposa, porque ela seria uma fonte de dor profunda para você.

Marcus cometera um erro comum a muitos homens: presumir que toque físico é sua linguagem do amor primária porque desejam o sexo com muita intensidade. Para o homem, o desejo sexual tem razão física — ou seja, o desejo sexual é estimulado pelo acúmulo de espermatozoides e de fluido nas vesículas seminais. Quando essas vesículas estão cheias, existe um impulso físico para aliviá-las. Assim, o desejo sexual do homem possui uma base fisiológica.

Para a mulher, o desejo sexual se influencia muito mais por suas emoções. Se ela se sentir admirada e apreciada pelo marido, desejará ter intimidade física com ele. Mas, sem a proximidade emocional, ela terá pouco desejo físico. Seu impulso sexual biológico está profundamente ligado à sua necessidade emocional de amor.

Sendo o homem fisicamente impulsionado a buscar alívio sexual com certa regularidade, ele pode automaticamente presumir que essa é sua linguagem do amor primária. Mas, se ele não aprecia o toque físico em outros momentos e em cenários não sexuais, talvez essa não seja sua linguagem do amor primária. O desejo sexual é muito diferente da necessidade emocional de sentir-se amado. Isso não significa que o ato sexual não seja importante para ele — é extremamente importante —, mas a relação sexual sozinha não satisfará sua necessidade de sentir-se amado. A esposa deve falar a linguagem do amor emocional primária dele também.

Quando a esposa fala a linguagem do amor primária do marido e seu tanque de amor emocional está cheio, e ele fala a linguagem do amor primária dela e seu tanque de amor emocional também está cheio, o aspecto sexual desse relacionamento funcionará perfeitamente. A maioria dos problemas emocionais do casamento tem pouco a ver com a técnica física, mas tudo com a satisfação das necessidades emocionais.

Depois de um pouco mais de conversa e reflexão, Marcus disse:

— Sabe, acho que o senhor tem razão. Sem dúvida palavras de afirmação são minha linguagem do amor primária. Quando ela é mordaz e crítica verbalmente, minha tendência é me afastar dela sexualmente e fantasiar com outras mulheres. Mas, quando ela diz que me aprecia e me admira, meus desejos sexuais se voltam naturalmente para ela.

Marcus fez uma descoberta significativa em nossa breve conversa.

Como você sabe?

Qual é a sua linguagem do amor primária? O que faz você se sentir mais amado por seu cônjuge? O que você deseja acima de qualquer coisa? Se a resposta a essas perguntas não surgirem de imediato em sua mente, talvez seja útil analisar o uso negativo das linguagens do amor. O que seu cônjuge faz ou diz — ou o que deixa de fazer e de dizer — que magoa você profundamente? Se, por exemplo, sua dor mais profunda são as palavras críticas e julgadoras de seu cônjuge, então talvez sua linguagem do amor sejam palavras de afirmação. Se sua linguagem do amor primária for usada negativamente por seu cônjuge — ou seja, ele faz o oposto —, essa atitude magoará você mais do que magoaria outra pessoa, pois, além de não falar sua linguagem do amor primária, ele a usa como uma faca para perfurar seu coração.

Lembro-me de Mary, de Kitchener, Ontario, que disse: "Dr. Chapman, o que mais me magoa é o fato de Ron nunca levantar uma mão para me ajudar com os serviços de casa. Ele assiste à televisão enquanto eu faço todo o trabalho. Não entendo como ele age assim se realmente me ama". A mágoa profunda de Mary indicava que sua linguagem do amor primária são atos de serviço. Se o fato de seu cônjuge raramente dar presentes por alguma ocasião lhe causa tristeza, então sua linguagem do amor primária talvez sejam presentes. Se o fato de seu cônjuge raramente passar tempo de qualidade ao seu lado o magoa, então essa é a sua linguagem do amor primária.

O que faz você se sentir mais amado por seu cônjuge? O que você deseja acima de qualquer coisa?

Outra maneira de descobrir sua linguagem do amor primária é olhar em retrospecto para seu casamento e perguntar: "O que eu mais pedi a meu cônjuge?". Seja qual for a resposta, é bem possível que ela esteja de acordo com sua linguagem do amor primária. Esses pedidos provavelmente foram interpretados por seu cônjuge como crítica. Na verdade, são esforços para assegurar amor emocional da parte dele.

Elizabeth, que vivia em Marysville, Indiana, usou essa abordagem para descobrir sua linguagem do amor primária. No final de uma sessão do seminário, ela me contou:

— Sempre que olho para trás, para os últimos dez anos do meu casamento, e pergunto a mim mesma o que mais pedi a Peter, minha linguagem do amor se torna evidente. Com maior frequência, pedi tempo de qualidade. Repetidas vezes, perguntei a ele se podíamos fazer um piquenique, sair juntos num final de semana, desligar a televisão por apenas uma hora e conversar um com o outro, caminhar juntos, e assim por diante. Senti-me negligenciada e mal-amada porque ele raramente respondia a meus pedidos. Ele me dava ótimos presentes de aniversário e em ocasiões especiais, e eu me perguntava por que não ficava alegre com eles.

Ela prosseguiu:

— Durante seu seminário, as luzes se acenderam para nós dois. No intervalo, meu marido se desculpou por ter sido tão insensível e tão resistente a meus pedidos durante todos aqueles anos. Ele me prometeu que as coisas seriam diferentes no futuro, e creio que realmente serão.

Outra maneira de descobrir sua linguagem do amor primária é examinar o que você faz ou diz para expressar amor a seu cônjuge. Há grandes chances de que o que você faz por ele seja aquilo que gostaria que ele fizesse por você. Se você pratica constantemente atos de serviço para seu cônjuge, talvez (ainda que nem sempre) essa seja sua linguagem do amor. Se palavras de afirmação lhe expressam amor, é possível que você as use para expressar amor a seu cônjuge. Assim, você pode descobrir sua própria linguagem do amor ao perguntar a si mesmo: "Como expresso conscientemente amor a meu cônjuge?".

Mas lembre-se de que essa abordagem é apenas uma possível sugestão de sua linguagem do amor, não um indicador absoluto. O marido, por exemplo, que aprendeu com o pai a expressar amor à esposa por meio de presentes expressa amor à esposa fazendo o que o pai fazia; contudo, presentes não são sua linguagem do amor primária. Ele está simplesmente fazendo o que foi instruído a fazer por seu pai.

Sugiro, portanto, três maneiras de descobrir sua linguagem do amor:

1. O que seu cônjuge faz ou deixa de fazer que mais o magoa? O oposto disso provavelmente representa a sua linguagem do amor.

2. O que você pede a seu cônjuge com mais frequência? A resposta é provavelmente aquilo que faz você se sentir mais amado.
3. Como você expressa amor regularmente a seu cônjuge? Seu método pode ser uma indicação de que aquilo também faz você se sentir amado.

O uso dessas três abordagens provavelmente o ajudará a descobrir sua linguagem do amor primária. Se duas linguagens lhe parecem equivalentes, isto é, se ambas lhe falam profundamente, então talvez você seja bilíngue. Se for esse o caso, a vida de seu cônjuge será facilitada. Agora ele tem duas escolhas, e ambas comunicam amor de maneira vigorosa.

(Preencha o Questionário das Cinco Linguagens do Amor, páginas 197-208, e discuta os resultados com seu cônjuge.)

Há dois tipos de pessoas que apresentam dificuldades para descobrir sua linguagem do amor primária. O primeiro é aquele cujo tanque de amor emocional está cheio há bastante tempo. Seu cônjuge expressou amor de diversas maneiras, e ele não tem certeza de qual delas o faz sentir-se mais amado. Ele simplesmente sabe que é amado. O segundo é a pessoa cujo tanque de amor está vazio há tanto tempo que ela já não lembra o que a faz sentir-se amada. Nos dois casos, é preciso retornar à experiência da paixão e perguntar a si mesmo: "O que eu apreciava em meu cônjuge naquela época? O que ele dizia ou fazia que me motivava a estar com ele?". Se conseguir recuperar essas lembranças, terá alguma ideia de sua linguagem do amor primária.

Outra abordagem consiste em perguntar a si mesmo: "O que seria um cônjuge ideal para mim? Se eu pudesse ter um par perfeito, como ele seria?". Seu conceito de um cônjuge perfeito lhe dará alguma ideia de qual é a sua linguagem do amor primária.

Dito tudo isso, sugiro que você passe algum tempo escrevendo a respeito de qual, em sua opinião, é sua linguagem do amor primária. Depois, aliste em ordem decrescente as quatro outras linguagens. Anote também qual, a seu ver, é a linguagem do amor de seu cônjuge. Aliste as outras quatro em ordem de importância, se desejar. Sente-se com seu cônjuge e discuta com ele qual, para você, é a linguagem do amor dele. Depois, digam um ao outro qual cada um considera ser sua linguagem do amor.

Seu conceito de um cônjuge perfeito lhe dará alguma ideia de qual é a sua linguagem do amor primária.

Depois de compartilhada essa informação, sugiro que, três vezes por semana, durante três semanas, vocês brinquem de Verificação do Tanque. A brincadeira funciona assim: Ao chegar em casa, um de vocês pergunta ao outro: "Numa escala de zero a dez, como está seu tanque de amor hoje?". Zero significa vazio, e dez, cheio de amor, a ponto de transbordar! Faça uma leitura do seu tanque de amor emocional — 10, 9, 8, 7, 6, 5, 4, 3, 2, 1 ou 0. Então seu cônjuge deve dizer: "O que posso fazer para ajudar a enchê-lo?".

Em seguida, faça uma sugestão, algo que você gostaria que seu cônjuge fizesse ou dissesse naquela noite. Seu cônjuge responderá da melhor maneira possível. Aí você faz as mesmas perguntas, em ordem inversa, de modo que os dois possam fazer uma leitura de seu tanque de amor e dar sugestões de como enchê-lo. Se fizerem essa brincadeira por três semanas, não conseguirão parar! A Verificação do Tanque pode ser uma maneira descontraída de estimular expressões de amor em seu casamento.

Um marido me disse:

— Não gosto desse jogo do tanque de amor. Joguei com minha esposa. Cheguei em casa e disse a ela: "Numa escala de zero a dez, como está o seu tanque de amor hoje à noite?". Ela disse: "Por volta de sete". Aí eu perguntei: "O que eu poderia fazer para ajudar a enchê-lo?". Então ela disse: "A melhor coisa que você poderia fazer por mim hoje é lavar as roupas". Eu disse: "Amor e lavar roupas? Não estou entendendo nada".

Eu lhe disse:

— Esse é o problema. Você não entendeu qual é a linguagem do amor de sua esposa. Qual é a sua linguagem?

Sem hesitação, ele disse:

— Toque físico, especialmente a parte sexual do casamento.

— Ouça com atenção. O amor que você sente quando sua esposa expressa amor por meio do toque físico é o mesmo que ela sente quando você lava as roupas.

— Então já para a lavanderia! — gritou ele. — Eu cuidarei das roupas todas as noites se isso fizer que ela se sinta tão bem.

> "Eu cuidarei das roupas todas as noites se isso fizer que ela se sinta tão bem."

Quero acrescentar que, se você ainda não descobriu sua linguagem do amor primária, anote por escrito as coisas faladas no jogo Verificação do Tanque. Quando seu cônjuge disser: "O que eu poderia fazer para ajudar a encher seu tanque?", suas sugestões provavelmente indicarão sua linguagem do amor primária. Você pode pedir atitudes de todas as cinco linguagens do amor, mas a maioria dos pedidos se referirá a sua linguagem do amor primária.

Talvez alguns de vocês estejam pensando o mesmo que um casal me disse em Zion, Illinois: "Dr. Chapman, tudo isso parece ótimo e maravilhoso, mas e se a linguagem do amor do nosso cônjuge for algo que simplesmente não nos é natural?".

Apresentarei minha resposta no capítulo 10.

Sua vez

Você acha que, a esta altura, já tem uma boa ideia de qual seja a linguagem do amor do seu cônjuge? E quanto a você? O que mais você poderia fazer para conhecer o assunto?

Se seu tanque de amor está completamente vazio ou cheio em demasia, se você sabe ou não qual é a sua linguagem do amor, brinquem de Verificação do Tanque durante o próximo mês. Três noites por semana, faça uma leitura de 0 a 10 de seu tanque emocional e, então, aceite as sugestões do seu cônjuge para que ele eleve esse número. Se seu cônjuge estiver no nível 10 repetidas vezes, parabenize a si mesmo — mas não pare nunca de amar.

CAPÍTULO 10

Amar é uma escolha

Como é possível falarmos a linguagem do amor um do outro se estamos cheios de mágoa, raiva e ressentimento por erros do passado? A resposta a essa pergunta reside na essência de nossa humanidade. Somos criaturas de escolha. Isso significa que temos a capacidade de tomar decisões ruins, o que todos nós já fizemos. Pronunciamos palavras críticas e fizemos coisas prejudiciais. Não temos orgulho dessas escolhas, embora elas parecessem justificáveis no momento. Decisões ruins do passado não são sinônimo de decisões ruins no futuro. Em vez disso, podemos dizer: "Sinto muito. Sei que o magoei, mas gostaria de agir diferente no futuro. Quero amar você em sua linguagem. Quero satisfazer suas necessidades". Já vi casamentos resgatados da beira do divórcio quando o casal tomou a decisão de amar.

O amor não apaga o passado, mas transforma o futuro. A opção por promover expressões ativas de amor na linguagem do amor primária do cônjuge produz um clima emocional no qual podemos lidar com conflitos e erros do passado.

"Simplesmente não a amo mais"

Brent estava em meu consultório, de cara fechada e aparência insensível. Ele não chegara ali por iniciativa própria, mas em resposta a meu pedido. Uma semana antes, Becky, sua esposa, estivera na mesma cadeira, aos prantos. Entre um acesso de choro e outro, contou-me que Brent dissera que não a amava mais e decidira partir. Ela estava arrasada.

Ao recompor-se, ela disse:

— Nós dois nos esforçamos muito nos últimos dois ou três anos. Sabia que não passávamos tanto tempo juntos quanto de costume, mas pensei que estávamos trabalhando por um objetivo comum. Não consigo acreditar no que ele me disse. Ele sempre foi uma pessoa boa e carinhosa. É um ótimo pai para nossos filhos. Como ele poderia fazer isso conosco?

Ouvi Becky descrever seus doze anos de casamento. Uma história que já ouvira muitas vezes antes. Eles tiveram um namoro entusiástico, casaram-se no ápice da paixão, passaram pelos ajustes típicos dos primeiros anos de casamento e correram atrás do "sonho americano". No tempo devido, desceram do pico emocional da paixão, mas não aprenderam suficientemente a falar a linguagem do amor um do outro. Ela vivia nos últimos anos com o tanque de amor pela metade, mas havia recebido uma quantidade suficiente de expressões de amor para fazê-la pensar que tudo estava bem. Seu tanque de amor, porém, estava vazio.

Eu disse a Becky que conversaria com Brent e lhe pediria para vir a meu consultório. Liguei para ele e disse: "Como você sabe, Becky veio me ver e falou das dificuldades dela com relação ao casamento. Quero ajudá-la, mas para isso preciso conhecer sua opinião".

Brent concordou prontamente e agora está aqui, sentado em meu consultório. Sua aparência externa formava um contraste gritante com a de Becky. Ela chorou copiosamente, enquanto ele estava impassível. Tive a impressão, porém, de que ele derramara suas lágrimas semanas ou talvez meses antes, e que tinha sido um lamento interior. A história que Brent me contou confirmou minhas suspeitas:

— Simplesmente não a amo mais. Não a amo já há algum tempo. Não quero magoá-la, mas não há mais intimidade entre nós. O relacionamento se esvaziou. Não gosto mais de ficar com ela. Não sei o que aconteceu. Gostaria que fosse diferente, mas não tenho mais nenhum sentimento por ela.

Brent pensava e sentia o que centenas de milhares de maridos têm pensado e sentido ao longo dos anos: a mentalidade "Eu não a amo mais", que concede aos homens a liberdade emocional de buscar amor em outra pessoa. O mesmo se dá com esposas que recorrem à mesma desculpa.

Compreendo Brent porque já passei por isso. Milhares de maridos e esposas já passaram por isso: vazios emocionalmente, querem fazer a coisa certa, não querem machucar ninguém, mas são impulsionados por essa necessidade emocional a buscar amor fora do casamento. Felizmente, descobri logo no início do meu casamento a diferença entre a experiência da paixão e a necessidade emocional de sentir-se amado. A maioria das pessoas de nossa sociedade ainda não aprendeu a diferença.

A experiência da paixão, discutida no capítulo 3, está no nível do instinto. Não é premeditada; simplesmente acontece no contexto normal do relacionamento entre homem e mulher. Pode ser fomentada ou suprimida, mas não surge de uma escolha consciente. Tem vida curta (em geral, dois anos ou menos) e parece exercer na humanidade a mesma função do canto para o acasalamento de gansos-do-canadá.

A experiência da paixão satisfaz temporariamente a necessidade emocional de amor. Ela nos oferece a sensação de que alguém se importa conosco, nos admira e nos aprecia. Nossas emoções se elevam com a ideia de outra pessoa nos enxergar como a prioridade de sua vida, de ela estar disposta a dedicar tempo e energia exclusivamente a nosso relacionamento. Por um breve período, seja ele qual for, nossa necessidade emocional de amor é saciada. Nosso tanque está cheio; podemos conquistar o mundo. Nada é impossível. Para muitos, é a primeira vez em que vivem com o tanque emocional cheio, e a sensação é de euforia.

Com o tempo, porém, descemos das alturas e voltamos ao mundo real. Se o cônjuge aprendeu a falar nossa linguagem do amor primária, nossa necessidade de amor continuará sendo satisfeita. Se, por outro lado, ele não falar nossa linguagem do amor, o tanque se esvaziará lentamente e não nos sentiremos mais amados. Satisfazer essa necessidade na vida do cônjuge é, definitivamente, uma escolha. Se eu aprender a linguagem emocional do amor do meu cônjuge e a expressar com frequência, ele continuará a se sentir amado. Quando ele descer do alto da paixão obsessiva, praticamente não sentirá falta dela, pois seu tanque de amor emocional será mantido cheio. Se, contudo, eu não aprender a linguagem do amor primária dele ou optar por não expressá-la, ao descer do pico emocional, ele terá o anseio natural das necessidades emocionais não atendidas. Depois de alguns anos vivendo com o tanque de amor vazio, ele provavelmente se apaixonará por outra pessoa, e o ciclo recomeça.

Satisfazer a necessidade de amor de minha esposa é uma escolha que faço todos os dias. Se eu souber qual é a linguagem do amor primária dela e optar por expressá-la, suas necessidades emocionais mais profundas serão satisfeitas, e ela se sentirá segura em meu amor. Se ela fizer o mesmo por mim, minhas necessidades emocionais serão atendidas, e os dois viverão com o tanque cheio. Num estado de contentamento emocional, o casal dedica energia criativa a diversos projetos saudáveis fora do casamento, ao mesmo tempo que continua a manter o casamento empolgante e vivo.

> Satisfazer a necessidade de amor de minha esposa é uma escolha que faço todos os dias.

Com tudo isso em mente, olhei para o rosto impassível de Brent e pensei em como poderia ajudá-lo. Lá no fundo, eu sabia que ele provavelmente já se envolvera em outra experiência de paixão. Queria saber se estava nos estágios iniciais ou se já havia alcançado o pico. Poucos homens que sofrem de um tanque emocional vazio abandonam o casamento sem a perspectiva de satisfazer essa necessidade em algum outro lugar.

Brent foi honesto e revelou que estava apaixonado por outra mulher havia vários meses. Tinha esperanças de que os sentimentos desaparecessem e de que ele resolveria as coisas com sua esposa. Mas a situação em casa piorara, e o amor pela outra mulher havia aumentado. Ele não conseguia se imaginar sem seu novo amor.

Compreendi o dilema de Brent. Ele era sincero ao dizer que não queria magoar esposa e filhos, mas, ao mesmo tempo, achava que merecia uma vida feliz. Informei-lhe as estatísticas desanimadoras dos segundos casamentos. Ele ficou surpreso em ouvir aquilo, mas estava convicto de que venceria as probabilidades. Apresentei dados de pesquisas sobre os efeitos do divórcio nos filhos, mas estava convencido de que continuaria a ser um bom pai e que os filhos superariam o trauma do divórcio. Conversamos sobre os assuntos apresentados neste livro e demonstrei a diferença entre a experiência de apaixonar-se e a profunda necessidade emocional de sentir-se amado. Expliquei as cinco linguagens do amor e o desafiei a dar outra chance a seu casamento. Ao mesmo tempo, sabia que minha abordagem intelectual e equilibrada do casamento, comparada com a euforia emocional que ele experimentava, era como comparar uma espingarda de ar comprimido com um rifle automático. Ele expressou apreciação por meu interesse e pediu que eu fizesse o máximo para ajudar Becky. Mas declarou que não via esperança para seu casamento.

Um mês depois, recebi uma ligação de Brent. Ele disse que gostaria de conversar comigo novamente. Dessa vez, ao entrar em meu consultório, estava visivelmente perturbado. Não era o homem calmo e frio que eu vira antes. A amante começara a descer do pico emocional e a perceber coisas que não apreciava nele. Ela começou a se afastar do relacionamento, e ele estava arrasado. Lágrimas escorriam de seus olhos enquanto ele me dizia quanto ela significava para ele e quão insuportável era ser rejeitado.

Ouvi Brent por uma hora antes de ele pedir meu conselho. Então disse-lhe que compreendia sua dor e que ele atravessava o luto emocional natural de uma perda, um pesar que não desaparece da noite para o dia. Expliquei, porém, que a experiência era inevitável. Fiz questão de lembrar-lhe a natureza temporária da paixão, de que, mais cedo ou mais tarde, sempre descemos das alturas e retornamos ao mundo real. Alguns abandonam a paixão antes do casamento; outros, depois. Ele concordou que era melhor agora do que mais tarde.

Depois de algum tempo, sugeri que talvez a crise fosse um bom momento para ele e a esposa se submeterem a sessões de aconselhamento conjugal. Lembrei-lhe que o verdadeiro e duradouro amor emocional é uma escolha, e esse amor poderia renascer em seu casamento se ele e a esposa aprendessem a amar-se nas linguagens do amor corretas. Ele concordou com o aconselhamento conjugal e, nove meses depois, Brent e Becky saíram do meu consultório com um casamento renovado. Quando o vi três anos depois, ele me falou do casamento maravilhoso que tinha e me agradeceu por ajudá-lo num momento crucial de sua vida. Disse-me que o pesar pela perda da amante se fora havia mais de dois anos. Sorrindo, disse:

— Meu tanque nunca esteve tão cheio, e Becky é a mulher mais feliz que você encontrará por aí.

Felizmente, Brent recebeu os benefícios daquilo que chamo de desequilíbrio da experiência da paixão. Funciona assim: quase nunca duas pessoas se apaixonam no mesmo dia, e quase nunca perdem a paixão juntas. Você não precisa ser um cientista social para descobrir essa verdade. Basta ouvir músicas românticas. Aconteceu de a amante de Brent perder a paixão numa hora oportuna.

Quase nunca duas pessoas se apaixonam no mesmo dia, e quase nunca perdem a paixão juntas.

Ações e emoções

Nos nove meses em que aconselhei Brent e Becky, lidamos com os inúmeros conflitos que eles nunca haviam resolvido. Mas a chave para o renascimento de sua união conjugal foi descobrir a linguagem do amor primária de cada um deles e optar por falá-la com frequência.

"O que fazer se a linguagem do amor de seu cônjuge não for algo natural para você?" Ouço muitas vezes essa pergunta em meus seminários sobre casamento, e minha resposta é sempre: "E daí?".

A linguagem do amor de minha esposa são atos de serviço. Uma das coisas que faço por ela regularmente como ato de amor é passar aspirador na casa. Você acha que passar aspirador de pó é algo natural para mim? Minha mãe costumava me obrigar a fazer isso. Durante todo o ensino médio, eu não podia sair para jogar bola aos sábados sem antes ter passado aspirador na casa inteira. Naquela época, eu dizia a mim mesmo: "Quando eu sair daqui, existe algo que não vou fazer: passar aspirador na casa. Vou arrumar uma esposa que faça isso".

Hoje, porém, passo o aspirador na casa, e com frequência. Existe apenas uma razão para isso: amor. Dinheiro nenhum no mundo me faria passar aspirador numa casa, mas faço isso por amor. Veja, quando uma ação não é natural, ela se torna uma expressão de amor ainda maior. Minha esposa sabe que, quando passo aspirador pela casa, esse ato é nada menos que amor 100% puro e imaculado, e eu recebo todos o crédito pelo trabalho!

Alguém pode dizer: "Mas, dr. Chapman, isso é diferente. Sei que a linguagem do amor de meu cônjuge é toque físico, mas não sou uma pessoa afeita a toques. Nunca vi meus pais se abraçarem, e eles nunca me abraçaram. Eu simplesmente não sou assim. O que fazer?".

Você tem duas mãos? Consegue juntá-las, formando um círculo? Agora, imagine que seu cônjuge esteja no meio e puxe-o em sua direção. Aposto que, se você abraçar seu cônjuge três mil vezes, tudo passará a ser mais confortável. Mas, em última análise, não se trata de conforto. Estamos falando de amor, e amor é algo que você faz por outra pessoa, não algo que faz para si. A maioria das pessoas faz muitas coisas diariamente que não são "naturais" para elas. Para alguns, um exemplo disso é sair da cama pela manhã. Lutamos contra nossos sentimentos e nos levantamos. Por quê? Porque acreditamos que há algo que vale a pena fazer naquele dia. Normalmente, antes que o dia acabe, nós nos sentimos bem por termos levantado. Nossas ações precedem nossas emoções.

Ocorre a mesma coisa com o amor. Descobrimos a linguagem do amor primária de nosso cônjuge e decidimos expressá-la, quer isso seja natural, quer não. Não estamos reivindicando sentimentos calorosos e entusiasmados, mas simplesmente optando por agir assim para o benefício de nosso cônjuge. Queremos satisfazer a necessidade emocional dele e nos

> Amor é algo que você faz por outra pessoa, não algo que você faz para si.

propomos a falar sua linguagem do amor. Ao fazê-lo, o tanque de amor emocional dele se enche, e há grandes chances de que ele corresponda e comece a falar nossa linguagem. Quando isso acontecer, nossas emoções retornarão e nosso tanque de amor começará a se encher.

Amar é uma escolha. E cada um dos parceiros pode dar início ao processo hoje mesmo.

Sua vez

Um pensamento essencial deste capítulo é a ideia de falar a linguagem do amor do seu cônjuge, quer isso seja natural, quer não. Por que, em sua opinião, essa atitude é tão fundamental para um casamento saudável?

CAPÍTULO 11

O amor faz diferença

O amor não é a nossa única necessidade emocional. Psicólogos observam que, entre nossas necessidades básicas, estão a segurança, a autoestima e a importância. O amor, porém, se relaciona com todas elas.

Se eu me sentir amado por minha esposa, posso relaxar, ciente de que minha amada não me fará mal. Sinto-me confiante na presença dela. Posso enfrentar as incertezas em meu trabalho. Posso ter inimigos em outras áreas da vida, mas, com minha esposa, sinto-me seguro.

Minha autoestima se alimenta do fato de que meu cônjuge me ama. Afinal, se ele me ama, devo ser digno de ser amado. Talvez meus pais me passaram mensagens negativas ou dúbias sobre meu valor, mas meu cônjuge me conhece como adulto e me ama. O amor do meu cônjuge eleva minha autoestima.

A necessidade de ser importante é a força emocional por trás de grande parte de nosso comportamento. A vida é impulsionada pelo desejo de sucesso. Queremos que nossa vida tenha importância. Temos nossa própria ideia do que significa ser importante, e trabalhamos duro para alcançar nossos objetivos. Sentir-se amado pelo cônjuge aumenta nosso senso de importância. Pensamos: "Se alguém me ama, devo ser importante".

Sou importante porque sou o ápice da criação. Tenho a capacidade de pensar em termos abstratos, de comunicar meus pensamentos através de palavras e de tomar decisões. Por meio de palavras impressas ou gravadas, posso me beneficiar dos pensamentos daqueles que me precederam. Posso lucrar com a experiência alheia, ainda que tenham vivido em outras épocas e culturas. Vivencio a morte de familiares e amigos e sinto que há uma existência além do material. Descubro que, em todas as culturas, as pessoas acreditam num mundo espiritual. Meu coração me diz que isso é verdade mesmo quando minha mente, treinada na observação científica, levanta questões críticas.

Sou importante. A vida tem sentido. Existe um propósito mais elevado. Quero crer nisso, mas não consigo me sentir importante até que alguém expresse amor por mim. Quando meu cônjuge investe amorosamente tempo, energia e esforço em mim, acredito que sou importante. Sem amor, posso passar a vida inteira em busca de importância, autoestima e segurança. Quando experimento amor, ele influencia positivamente todas essas necessidades. Torno-me livre para desenvolver meu potencial. Sinto-me mais seguro em minha autoestima e posso concentrar meus esforços para fora, em vez de ficar obcecado com minhas próprias necessidades. O amor verdadeiro sempre liberta.

No contexto do casamento, se não nos sentirmos amados, nossas diferenças se amplificam. Passamos a enxergar o outro como uma ameaça à nossa felicidade. Lutamos pela autoestima e pela importância, e o casamento se torna um campo de batalha em vez de um refúgio.

O amor não é a resposta para tudo, mas gera um clima de segurança no qual podemos buscar respostas para coisas que nos perturbam. Na segurança do amor, um casal pode discutir diferenças sem condenação. Os conflitos podem ser resolvidos. Duas pessoas diferentes podem aprender a viver juntas em harmonia. Descobrimos como extrair o melhor que existe no outro. Essas são as recompensas do amor.

"Somos como colegas de quarto"

A decisão de amar o cônjuge possui um potencial enorme. Aprender a linguagem do amor primária dele transforma esse potencial em realidade. Pelo menos foi o que aconteceu com John e Susan.

Eles viajaram três horas para chegar ao meu consultório. Era evidente que John não queria estar ali. Susan o forçara a vir, sob a ameaça de deixá-lo. (Não sugiro esse método, mas as pessoas nem sempre conhecem minhas sugestões antes de me consultarem.) Casados havia mais de trinta anos, nunca tinham passado por aconselhamento.

Susan iniciou a conversa:

— Dr. Chapman, quero que o senhor saiba duas coisas logo de início. Antes de mais nada, não temos problemas financeiros. Li numa revista que o dinheiro é o maior problema em um casamento. Isso não vale para nós. Nós dois trabalhamos há muitos anos, a casa está paga, assim como os carros. Repito: não temos dificuldades financeiras. Segundo, quero que o senhor saiba que não discutimos. Ouço minhas amigas contar das discussões constantes que elas têm. Não é nosso caso. Não consigo me lembrar da última vez que tivemos uma discussão. Nós dois concordamos que discutir é infrutífero e, assim, não discutimos.

Como conselheiro, agradeci o fato de Susan limpar o caminho. Sabia que ela iria direto ao ponto. Ela continuou:

— O problema é que não sinto nenhum amor da parte de meu marido. A vida é uma rotina para nós. Levantamos pela manhã e vamos trabalhar. À tarde, ele faz suas coisas e eu faço as minhas. Geralmente jantamos juntos, mas não conversamos. Ele assiste à televisão enquanto comemos. Depois do jantar, ele se enfia no porão e dorme na frente da televisão até que eu diga para ele ir dormir na cama. Essa é a nossa agenda, cinco dias por semana. Aos sábados, ele joga golfe pela manhã, trabalha no jardim à tarde e saímos para jantar com outro casal à noite. Ele conversa com o casal, mas, quando entramos no carro para voltar, a conversa acaba. Aos domingos pela manhã, vamos à igreja. E assim por diante.

Após um rápido silêncio, ela prosseguiu:

— Somos como dois colegas de quarto vivendo na mesma casa. Não há nada acontecendo entre nós. Não sinto nenhum amor vindo dele. Não há calor, não há emoção. Tudo é vazio e morto. Não sei se consigo aguentar isso por muito mais tempo.

A essa altura, Susan estava chorando. Estendi-lhe a caixa de lenços de papel e olhei para John. Seu primeiro comentário foi este:

— Não consigo entendê-la.

Depois de uma breve pausa, ele continuou:

— Já fiz tudo o que posso para mostrar a ela que a amo, especialmente nos últimos dois ou três anos, desde que ela começou a reclamar dessa maneira. Nada parece adiantar. Não importa o que eu faça, ela continua reclamando que não se sente amada. Não sei mais o que fazer.

Era evidente que John estava frustrado e exasperado. Então perguntei:

— O que você tem feito para mostrar seu amor por Susan?

— Bem, em primeiro lugar, volto do trabalho para casa antes dela, de modo que começo a preparar o jantar todas as noites. De fato, se você quiser saber a verdade, em pelo menos quatro noites por semana o jantar está praticamente pronto quando ela chega. Em alguma das noites, saímos para comer. Sou eu quem passa o aspirador na casa, porque ela sente dores nas costas. Sou eu quem cuida do jardim porque ela tem alergia a pólen. Dobro as roupas depois de tirá-las da secadora.

Ele continuou a me contar todas as coisas que fazia para Susan. Quando terminou, perguntei a mim mesmo: "O que essa mulher faz da vida?".

John continuou:

— Faço todas essas coisas para mostrar a ela que a amo, mas ela fica sentada aí e diz ao senhor o que ela está me dizendo há dois ou três anos, ou seja, que não se sente amada. Não sei mais o que fazer por ela.

Quando me dirigi a Susan, ela disse:

— Dr. Chapman, todas essas coisas são boas, mas quero que ele se sente e converse comigo. Nós nem sequer nos falamos. Ele está sempre fazendo alguma coisa. Quero que ele se sente no sofá comigo e me dedique algum tempo, olhe para mim, converse comigo sobre nós dois, sobre nossa vida.

Susan chorava de novo. Estava óbvio para mim que sua linguagem do amor primária era tempo de qualidade. Ela clamava por atenção. Queria ser tratada como pessoa, não como objeto. O excesso de ocupação do marido não satisfazia sua necessidade emocional. Ao conversar um pouco mais com John, descobri que ele também não se sentia amado, mas não falava a respeito. O pensamento dele era: "Se você está casado há 35 anos, se as contas são pagas e você não discute com a esposa, o que mais desejaria?". Ele estava nesse ponto. Foi então que lhe perguntei:

— Como seria a esposa ideal para você? Se você pudesse ter a esposa perfeita, como ela seria?

Ele me olhou nos olhos pela primeira vez e em seguida perguntou:

— Quer mesmo saber?

— Sim — respondi.

Ele se ajeitou no sofá e cruzou os braços. Um sorriso surgiu em sua face, e ele disse:

— Tenho sonhado com isso. A esposa perfeita seria aquela que chegaria em casa no final da tarde e me prepararia o jantar. Eu estaria trabalhando no jardim, e ela me chamaria para comer. Depois do jantar, ela lavaria a louça. Eu a ajudaria um pouco, mas isso seria responsabilidade dela. Ela pregaria os botões da minha camisa quando eles caíssem.

Susan não conseguiu mais se conter. Ela se voltou para ele e disse:

— Não acredito no que estou ouvindo. Você me disse que gostava de cozinhar.

John respondeu:

— Não me importo de cozinhar, mas o doutor aqui me perguntou o que seria ideal.

Sem que John precisasse dizer mais nada, descobri sua linguagem do amor primária: atos de serviço. Por que você acha que John fazia todas aquelas coisas para Susan? Porque aquela era a linguagem do amor dele. Para John, era assim que se demonstra amor: fazendo coisas pelas pessoas. O problema era que "fazer coisas" não era a linguagem do amor primária de Susan. Não significava para ela o que significaria para ele se ela fizesse coisas por ele.

Quando John se deu conta do que sua esposa realmente precisava, a primeira coisa que ele disse foi:

— Por que ninguém me disse isso trinta anos atrás? Eu poderia ter *conversado* com ela todas as noites em vez de fazer todas aquelas coisas.

Ele se voltou para Susan e disse:

— Pela primeira vez na vida, finalmente entendo o que você quer dizer quando diz que não conversamos. Não conseguia entender isso. A meu ver, nós conversávamos. Eu sempre pergunto: "Você dormiu bem?". Para mim, estávamos conversando, mas agora entendo. Você quer se sentar comigo e me olhar nos olhos enquanto conversamos. Agora entendo o que quer dizer e por que isso é tão importante para você. Essa é a sua linguagem emocional do amor, e começaremos hoje à noite. Eu lhe darei quinze minutos todas as noites pelo resto da minha vida. Pode contar com isso.

Susan se voltou para John e disse:

— Isso seria maravilhoso. E eu não me importo de preparar o jantar para você. Será mais tarde que o normal porque saio do trabalho depois de você, mas não me importo, de verdade. E adoraria pregar os botões de suas camisas. Você nunca deixa os botões soltos por tempo suficiente para que eu os pregue. Lavarei a louça pelo resto da minha vida se isso fizer você se sentir amado.

Susan e John foram para casa e começaram a amar um ao outro nas linguagens do amor corretas. Em menos de dois meses, estavam numa segunda lua de mel. Depois de uma viagem para as Bahamas, telefonaram para contar a mudança radical que ocorrera no casamento deles.

O amor emocional pode renascer num casamento? Pode apostar que sim. O segredo é aprender a linguagem do amor primária de seu cônjuge e tomar a decisão de expressá-la.

Sua vez

O que seu cônjuge faz para você se sentir mais "importante"? E você, o que faz por ele?

CAPÍTULO 12

Amar quem é difícil de ser amado

Era um lindo sábado de setembro. Minha esposa e eu passeávamos pelo parque Reynolda Gardens, desfrutando da flora composta de exemplares importados de diversos lugares do mundo. Os jardins foram originalmente cultivados por R. J. Reynolds, o magnata do tabaco, como parte de sua propriedade rural. Eles agora fazem parte do *campus* da Universidade Wake Forest. Havíamos acabado de passar pelo jardim das rosas quando percebi que Ann, uma mulher que começara seu aconselhamento duas semanas antes, aproximava-se de nós. Ela olhava para baixo, para a calçada de pedra, e parecia absorta em seus pensamentos. Quando a cumprimentei, ela se assustou, mas olhou para cima e sorriu. Apresentei-a a Karolyn e conversamos amenidades. Então, sem nenhum aviso, ela me fez uma das perguntas mais profundas que já ouvi:

— Dr. Chapman, é possível amar alguém a quem você odeia?

Eu sabia que a pergunta havia nascido de uma ferida profunda e merecia uma resposta bem pensada. Tínhamos uma sessão de aconselhamento marcada para a semana seguinte, de modo que disse:

— Ann, essa é uma das perguntas mais instigantes que já ouvi. Por que não discutimos isso na semana que vem?

Ela concordou, e Karolyn e eu continuamos nosso passeio. Mas a pergunta de Ann não me saía da mente. Mais tarde, no caminho para casa, Karolyn e eu conversamos a respeito.

Refletimos sobre os primeiros dias de nosso casamento e nos lembramos de que tivemos, com alguma frequência, sentimentos de ódio. Nossas palavras de acusação provocaram feridas e, na esteira dessas feridas, ira. E a ira mantida dentro do coração se torna ódio.

O que fez a diferença em nosso caso? A escolha de amar, e ambos sabíamos disso. Percebemos que, se continuássemos nosso padrão de exigência e acusação, destruiríamos nosso casamento. Felizmente, durante cerca de um ano, aprendemos a discutir nossas diferenças sem fazer acusações, a tomar decisões sem destruir nossa unidade, a dar sugestões construtivas sem sermos exigentes e, por fim, a falar a linguagem do amor primária um do outro. Tomamos a decisão de amar em meio a sentimentos negativos mútuos. Quando começamos a falar a linguagem do amor primária um do outro, os sentimentos de ira e ódio desapareceram.

Nossa situação, porém, era diferente da de Ann. Karolyn e eu estávamos dispostos a aprender e a crescer. Eu sabia que o marido de Ann não tinha essa disposição. Ela me dissera na semana anterior que implorara a ele que fosse ao aconselhamento. Pedira que ele lesse um livro ou participasse de alguma palestra sobre casamento, mas ele recusou todos os esforços dela relacionados ao crescimento. De acordo com ela, a atitude do marido era: "Não tenho problema algum. Você é quem tem". Na mente dele, ele estava certo e ela, errada — simples assim. Os sentimentos de amor que ela nutria por ele foram morrendo no decorrer dos anos devido às críticas e acusações constantes por parte dele. Depois de dez anos de casamento, sua energia emocional estava exaurida e sua autoestima, quase destruída. Havia esperança para o casamento de Ann? Ela conseguiria amar um marido difícil de ser amado? Algum dia ele corresponderia ao amor dela?

O maior desafio do amor

Eu sabia que Ann era uma pessoa profundamente religiosa e que frequentava a igreja regularmente. Deduzi que talvez sua única esperança de sobrevivência conjugal estivesse em sua fé. No dia seguinte, ainda com Ann em mente, comecei a ler o relato de Lucas sobre a vida de Cristo. Sempre admirei o texto de Lucas porque, como médico, ele dava atenção a detalhes e, no primeiro século, escreveu um relato cronológico dos ensinos e do estilo de vida de Jesus de Nazaré. Naquele que muitos consideram o maior sermão de Jesus, leio as seguintes palavras, as quais chamo de o maior desafio do amor.

Deduzi que talvez sua única esperança de sobrevivência conjugal estivesse em sua fé.

> "Mas eu digo a vocês que estão me ouvindo: Amem os seus inimigos, façam o bem aos que os odeiam, abençoem os que os amaldiçoam, orem por aqueles que os maltratam. [...] Como vocês querem que os outros lhes façam, façam também vocês a eles. Que mérito vocês terão, se amarem aos que os amam? Até os pecadores amam aos que os amam."
>
> Lucas 6.27-28,31-32

Parecia-me que aquele desafio profundo, escrito há cerca de dois mil anos, era a orientação que Ann procurava, mas ela seria capaz de agir assim? Alguém conseguiria? É possível amar um cônjuge que se tornou seu inimigo? É possível amar alguém que o amaldiçoa, que o maltrata e que expressa sentimentos de crítica e ódio? E, se ela fosse capaz, haveria alguma retribuição? O marido mudaria e começaria a expressar amor e cuidado por ela? Fiquei surpreso com estas outras palavras do sermão de Jesus: "Deem, e lhes será dado: uma boa medida, calcada, sacudida e transbordante será dada a vocês. Pois a medida que usarem também será usada para medir vocês" (Lucas 6.38).

Seria possível que esse princípio de amar alguém difícil de ser amado funcionasse num casamento que já tivesse chegado ao ponto em que estava o de Ann? Decidi fazer uma experiência. Assumi como hipótese que, se Ann aprendesse a linguagem do amor primária de seu marido e a expressasse por determinado período de tempo, de modo que as necessidades emocionais de amor dele fossem satisfeitas, ele terminaria agindo de forma recíproca e começaria a lhe expressar amor. Pensei: "Será que isso funcionaria?".

Encontrei Ann na semana seguinte e a ouvi falar mais uma vez das feridas do seu casamento. Ao término de seu resumo, ela repetiu a pergunta que havia feito no Reynolda Gardens. Dessa vez, entretanto, apresentou a ideia na forma de uma declaração:

— Dr. Chapman, simplesmente não sei se posso voltar a amá-lo depois de tudo o que ele me fez.

> "Simplesmente não sei se posso voltar a amá-lo depois de tudo o que ele me fez."

— Você conversou sobre essa situação com suas amigas?

— Com duas das minhas amigas mais próximas, e um pouco com outras pessoas.

— E qual foi a reação delas?

— "Caia fora." Todos eles me disseram para cair fora do casamento, que ele nunca iria mudar e que estou apenas prolongando a agonia. Mas a verdade é que não consigo me convencer disso. Talvez eu devesse, mas não consigo acreditar que seja a coisa certa a fazer.

— Parece-me que você está dividida entre suas crenças religiosas e morais, que dizem que é errado sair do casamento, e sua dor emocional, que diz que sair do casamento é a única maneira de sobreviver.

— É exatamente isso, dr. Chapman. É assim mesmo que me sinto. Não sei o que fazer.

— Compreendo sua luta. Você está numa situação bastante difícil. Gostaria de lhe oferecer uma resposta fácil. Infelizmente, não posso. As alternativas que você mencionou, sair ou ficar, provavelmente lhe trarão grande quantidade de dor. Antes de tomar essa decisão, vou sugerir uma ideia. Não estou certo de que vai funcionar, mas gostaria que você tentasse. Com base no que me disse, sei que sua fé religiosa é importante e que você respeita muito os ensinamentos de Jesus.

Ela concordou balançando a cabeça, e eu continuei:

— Vou ler algo que Jesus disse certa vez e que, a meu ver, pode ser aplicado a seu casamento.

Li o texto devagar e pausadamente.

> "Mas eu digo a vocês que estão me ouvindo: Amem os seus inimigos, façam o bem aos que os odeiam, abençoem os que os amaldiçoam, orem por aqueles que os maltratam. [...] Como vocês querem que os outros lhes façam, façam também vocês a eles. Que mérito vocês terão, se amarem aos que os amam? Até os pecadores amam aos que os amam."

— Isso faz lembrar seu marido? Ele tratou você como inimiga, e não como amiga?

Ela confirmou, acenando com a cabeça.

— Ele já amaldiçoou você?

— Muitas vezes.

— Já a maltratou?

— Constantemente.

— E ele já disse que a odeia?

— Sim.

A experiência de seis meses

Então eu lhe disse:

— Ann, se você estiver disposta, gostaria de fazer uma experiência. Gostaria de ver o que acontece se aplicarmos esse princípio ao seu casamento. Deixe-me explicar o que quero dizer.

Prossegui explicando a Ann o conceito do tanque emocional e o fato de que, no nível baixo, como era o caso dela, não temos sentimentos amorosos por nosso cônjuge, mas simplesmente vivenciamos o vazio e a dor. Uma vez que o amor é uma necessidade emocional tão profunda, é provável que sua falta seja nossa dor emocional mais profunda. Disse a ela que, se pudéssemos aprender a falar a linguagem do amor primária um do outro, essa necessidade emocional poderia ser satisfeita e sentimentos positivos se desenvolveriam novamente.

— Isso faz sentido para você? — perguntei.

— Dr. Chapman, o senhor acabou de descrever minha vida. Nunca a enxerguei de maneira tão clara. Estávamos apaixonados antes do casamento, mas, pouco tempo depois, descemos das nuvens e nunca aprendemos a falar a linguagem do amor um do outro. Meu tanque está vazio há anos, e tenho certeza que o dele também. Dr. Chapman, se eu tivesse entendido esse conceito antes, talvez nada disso teria acontecido.

— Não podemos voltar no tempo, Ann. Tudo o que podemos fazer é tentar mudar o futuro. Gostaria de propor uma experiência de seis meses.

— Vou tentar qualquer coisa — disse Ann.

Gostei de seu espírito positivo, mas não estava seguro de que ela havia entendido quão difícil seria o experimento. Disse:

— Vamos definir nosso objetivo.

Depois de refletir, ela disse:

— Gostaria de ver Glenn me amando novamente e que expressasse isso passando tempo comigo. Gostaria que fizéssemos coisas juntos, que fôssemos a lugares juntos. Gostaria de sentir que ele se interessa por meu mundo. Gostaria que conversássemos quando saímos para comer. Gostaria que ele me escutasse. Gostaria de sentir que ele valoriza minhas ideias. Gostaria que viajássemos juntos e nos divertíssemos de novo. Gostaria de saber que ele valoriza nosso casamento mais que qualquer outra coisa.

Ann fez uma pausa e continuou:

— De minha parte, gostaria de ter sentimentos afáveis e positivos em relação a ele de novo. Gostaria de sentir respeito por ele outra vez. Gostaria de me orgulhar dele. Neste momento, não sinto nada disso.

Eu escrevia enquanto Ann falava. Quando terminou, li em voz alta o que ela dissera.

— Parece um objetivo bastante elevado. É realmente o que você deseja, Ann?

— Neste momento, parece impossível. Mais que qualquer coisa, porém é o que eu gostaria que acontecesse.

— Então vamos definir que este será nosso objetivo. Em seis meses, queremos que você e Glenn cheguem a esse tipo de amor no relacionamento. Agora, vou sugerir uma hipótese. O propósito de nossa experiência será provar se a hipótese é verdadeira ou não. Suponhamos que, se você falasse a linguagem do amor primária de Glenn de maneira consistente por um período de seis meses, em algum ponto a necessidade emocional de amor dele começasse a ser satisfeita e, à medida que o tanque emocional dele se encher, ele começaria a retribuir amor. Essa hipótese se baseia na ideia de que a necessidade emocional de amor é nossa necessidade emocional mais profunda; quando essa necessidade é atendida, nossa tendência é reagir positivamente à pessoa que a satisfaz.

Continuei:

— Você entende que essa hipótese coloca toda a iniciativa em suas mãos. Glenn não se esforça para consertar o casamento. Você, sim. Essa hipótese diz que, se você canalizar todas as suas energias na direção correta, existe uma grande possibilidade de que Glenn termine retribuindo.

Li a outra passagem do sermão de Jesus registrada por Lucas, o médico: "Deem, e lhes será dado: uma boa medida, calcada, sacudida e transbordante será dada a vocês. Pois a medida que usarem também será usada para medir vocês". Em seguida, disse:

— Pelo que entendo, Jesus declara um princípio, não uma forma de manipular pessoas. De modo geral, se formos bondosos e amorosos com as pessoas, elas tenderão a ser bondosas e amorosas conosco. Isso não significa que podemos tornar uma pessoa bondosa sendo bondosos com ela. Somos agentes independentes. Assim, somos capazes de desprezar o amor, de nos afastar dele e até mesmo de cuspir em sua cara. Não há garantia de que Glenn responderá a seus atos de amor. Podemos dizer apenas que existe uma boa possibilidade de que ele venha a fazer isso.

(O conselheiro nunca pode prever com absoluta certeza qual será o comportamento humano. Com base em pesquisa e estudos sobre personalidade, pode apenas deduzir a reação de uma pessoa em determinada situação.)

Depois de concordarmos sobre a hipótese, eu disse a Ann:

— Agora vamos conversar sobre sua linguagem do amor primária e a de Glenn. Presumo, pelo que você me disse, que tempo de qualidade é sua linguagem do amor primária. O que você acha?

— Acho que sim, dr. Chapman. No início, quando passávamos tempo juntos e Glenn me escutava, passávamos horas conversando, fazendo coisas juntos. Eu me sentia amada. Mais que tudo, gostaria que essa parte do casamento retornasse. Quando passamos tempo juntos, sinto que ele realmente se importa, mas, quando ele fica fazendo outras coisas, sinto que os negócios e outros assuntos são mais importantes para ele que o nosso relacionamento.

— E, para você, qual é a linguagem do amor primária de Glenn?

— Acredito que seja toque físico, especialmente a parte sexual do casamento. Sei que, quando eu me sentia mais amada por ele e éramos mais sexualmente ativos, ele tinha uma atitude diferente. Sim, acho que é essa sua linguagem do amor primária.

— Ele já reclamou da maneira que você conversa com ele?

— Bem, ele diz que eu o critico o tempo todo. Também diz que eu não o apoio, que sou sempre contra suas ideias.

— Então vamos presumir que toque físico seja a linguagem do amor primária dele e palavras de afirmação, a secundária. Digo isso porque, se ele reclama das palavras negativas, aparentemente as palavras positivas são significativas para ele.

Prossegui:

— Agora, sugiro um plano para testar nossa hipótese. Imaginemos que você chegue em casa e diga a Glenn: "Estive pensando em nós e decidi que gostaria de ser uma melhor esposa. Assim, se você tiver alguma sugestão sobre como eu poderia ser uma esposa melhor, saiba que estou disposta a ouvir. Pode me dizer agora ou pensar a respeito e dizer depois, mas eu realmente gostaria de trabalhar a questão de ser uma esposa melhor". Seja qual for a resposta dele, negativa ou positiva, aceite-a como informação. Essa declaração inicial permitirá que ele saiba que algo diferente está prestes a acontecer no relacionamento de vocês. Então, com base em sua intuição de que a linguagem do amor primária dele é toque físico e de minha sugestão de que a secundária são palavras de afirmação, concentre sua atenção nessas duas áreas durante um mês.

Ann me olhava atentamente enquanto eu falava:

— Se Glenn aparecer com alguma sugestão sobre como você pode ser uma esposa melhor, aceite-a e introduza a ideia em seu plano. Procure coisas positivas na vida de Glenn e lhe faça elogios sobre essas coisas. Nesse meio-tempo, interrompa todas as reclamações verbais. Se quiser reclamar de alguma coisa nesse mês, tome nota disso em seu caderno de anotações em vez de dizer qualquer coisa a Glenn.

Prossegui:

— Comece a tomar mais iniciativa no toque físico e no envolvimento sexual. Surpreenda-o sendo mais direta, e não apenas respondendo aos avanços dele. Estabeleça a meta de ter relação sexual pelo menos uma vez por semana nas primeiras duas semanas e duas vezes por semana nas duas semanas seguintes.

Ann me disse que ela e Glenn tiveram relações sexuais apenas uma ou duas vezes nos últimos seis meses. Imaginei que esse plano tiraria o relacionamento do ponto morto bem rapidamente. Ela, porém, disse:

— Oh, dr. Chapman, isso não será fácil. Acho difícil ser sexualmente responsiva com ele me ignorando o tempo todo. Eu me sinto usada, e não amada, em nossos encontros sexuais. Ele age como se eu fosse totalmente desimportante no resto do tempo e, então, quer ir para a cama e usar meu corpo. Fico ressentida com isso, e imagino que essa seja a razão de não termos muito sexo nos últimos anos.

— Sua reação é natural e normal — garanti a Ann. — Para a maioria das esposas, o desejo de ter intimidade sexual com o marido surge da sensação de ser amada por ele. Quando se sentem amadas, desejam a intimidade sexual. Do contrário, sentem-se usadas. É por isso que amar alguém que não nos ama é extremamente difícil. Isso vai contra nossas tendências naturais. Você precisará confiar muito em sua fé em Deus para poder fazer isso. Talvez seja útil ler mais uma vez o sermão de Jesus sobre amar seus inimigos, amar aqueles que nos odeiam e que nos usam. Em seguida, peça a Deus que a ajude a praticar os ensinos de Jesus.

Eu podia perceber que Ann estava acompanhando minha linha de raciocínio. De vez em quando, ela concordava levemente com a cabeça. Seus olhos me diziam que havia muitas perguntas em sua mente.

— Mas, dr. Chapman, não é hipocrisia expressar amor sexualmente quando se tem tantos sentimentos negativos pela pessoa?

— Talvez seja bom fazermos uma distinção entre amor como sentimento e amor como ação. Se você afirmar que tem sentimentos que na verdade não tem, é hipocrisia, e essa declaração falsa não é a forma correta de construir relacionamentos íntimos. Mas, se você expressar um ato de amor planejado para o benefício ou o prazer da outra pessoa, é simplesmente uma escolha. Você não está afirmando que a ação tem como origem um profundo elo emocional, mas simplesmente optando por fazer algo em benefício da pessoa. Penso que foi isso o que Jesus quis dizer.

Depois de uma breve pausa, prossegui:

— É claro que não temos sentimentos calorosos por pessoas que nos odeiam. Isso seria anormal, mas podemos realizar atos de amor por elas. Isso é uma escolha. Esperamos que tais atos produzam um efeito positivo em suas atitudes, seu comportamento e tratamento, mas pelo menos escolhemos fazer algo positivo por elas.

Minha resposta aparentemente satisfez Ann, pelo menos naquele instante. Eu tive a sensação de que voltaríamos a discutir o assunto. Também senti que, se a experiência decolasse, seria em razão da profunda fé que Ann tinha em Deus. Então continuei:

— Depois do primeiro mês, quero que peça a Glenn que lhe diga como você está se saindo. Com suas próprias palavras, pergunte: "Glenn, você se lembra de que semanas atrás eu lhe disse que tentaria ser uma esposa melhor? Queria saber como você acha que estou me saindo". Seja qual for a resposta dele, aceite-a como informação. Ele pode ser sarcástico, irreverente ou hostil, ou talvez seja positivo. Seja como for, não discuta, mas aceite e certifique-o de que você está falando sério e realmente deseja ser uma esposa melhor e, caso ele tiver sugestões, você está disposta a ouvi-las.

Prossegui:

— Siga esse padrão de pedir informações uma vez por mês, pelos próximos seis meses. Assim que Glenn der a primeira resposta positiva, você saberá que seus esforços estão causando um impacto emocional nele. Uma semana depois de receber o comentário positivo, quero que faça um pedido a Glenn, algo que você gostaria que ele fizesse, ligado à sua linguagem do amor primária. Você pode, por exemplo, dizer em determinada noite: "Glenn, sabe uma coisa que eu gostaria que você fizesse? Lembra-se de como costumávamos ir caminhar juntos no Reynolda Gardens? Gostaria de fazer isso com você na quinta-feira à noite. As crianças vão ficar na casa de minha mãe. Você acha que seria possível?". Faça o pedido de maneira específica, não geral. Não diga: "Sabe, gostaria que passássemos mais tempo juntos". Isso é muito vago. Como você saberá que ele fez isso ou não? Mas, se fizer seu pedido de maneira específica, ele saberá exatamente o que a esposa deseja, e você saberá que, quando o fizer, ele optou por isso em seu beneficio.

Por fim, eu disse:

— Faça isso todos os meses. Se ele fizer, ótimo; se não, tudo bem. Mas, quando ele fizer, você saberá que ele está respondendo às suas necessidades. Nesse processo, você aprenderá qual é a linguagem do amor primária dele, pois os pedidos que você faz estão em sintonia com a sua linguagem do amor. Se ele decidir amá-la em sua linguagem primária, suas emoções positivas em relação a ele virão à tona. Seu tanque emocional começará a encher e, com o tempo, o casamento renascerá.

— Dr. Chapman, eu faria qualquer coisa para que isso acontecesse — disse Ann.

— Bem, isso exigirá muito trabalho, mas creio que vale a pena tentar. Pessoalmente, estou interessado em ver essa experiência funcionar e verificar se nossa hipótese é verdadeira. Gostaria de encontrá-la regularmente durante o processo, talvez a cada duas semanas, e gostaria que mantivesse um registro das palavras positivas de afirmação que você diz a Glenn semanalmente. Também gostaria que me trouxesse aquela lista de reclamações que você escreveu em seu caderno e que não disse a Glenn. Quem sabe, com base nas reclamações apenas sentidas, eu possa ajudá-la a construir pedidos específicos para Glenn que ajudem a eliminar algumas dessas frustrações. Por fim, quero que aprenda a compartilhar suas frustrações e irritações de maneira construtiva, e quero que você e Glenn aprendam a trabalhar essas irritações e esses conflitos. Mas, durante a experiência de seis meses, quero que os anote sem dizer nada a Glenn.

Ann foi embora, e eu acreditava que ela já possuía a resposta a sua pergunta: "É possível amar alguém a quem você odeia?".

Nos seis meses seguintes, Ann presenciou uma enorme mudança na atitude de Glenn e na maneira com que ele a tratava. No primeiro mês, ele levou tudo na brincadeira. Mas, depois do segundo mês, ele deu um retorno positivo aos esforços dela. Nos últimos quatro meses, ele respondeu positivamente a quase todos os pedidos de Ann, e os sentimentos dela por ele começaram a mudar drasticamente. Glenn nunca foi ao aconselhamento, mas ouviu alguns de meus CDs e discutiu o assunto com Ann. Ele incentivou a esposa a continuar no aconselhamento, o que ela fez por mais três meses depois de nossa experiência. Até hoje, Glenn jura a seus amigos que eu sou um milagreiro. Sei que, na verdade, o amor é que faz milagres.

Talvez você precise de um milagre em seu casamento. Por que não tenta colocar em prática a mesma experiência de Ann? Diga a seu cônjuge que tem pensado no casamento de vocês e decidiu que gostaria de fazer um trabalho melhor para satisfazer as necessidades dele. Peça sugestões de como melhorar. As sugestões serão uma indicação de qual é a linguagem do amor primária dele. Se ele não fizer nenhuma sugestão, descubra a linguagem do amor com base nas reclamações feitas no decorrer dos anos. Então, por seis meses, concentre sua atenção naquela linguagem do amor. No final de cada mês, peça ao cônjuge que comente como você está se saindo e peça sugestões adicionais.

Sempre que seu cônjuge indicar melhorias, espere uma semana e, então, faça um pedido específico. O pedido deve ser algo que você realmente gostaria que ele fizesse por você. Se ele decidir fazê-lo, você saberá que ele está respondendo às suas necessidades. Se ele não honrar o pedido, continue a amá-lo. Talvez no mês seguinte ele responda positivamente. Se o cônjuge começar a falar sua linguagem do amor respondendo a seus pedidos, então suas emoções positivas em relação a ele retornarão e, com o tempo, o casamento renascerá. Não posso garantir os resultados, mas inúmeras pessoas a quem aconselhei experimentaram o milagre do amor.

Sua vez

Se seu casamento enfrenta o sério problema discutido neste capítulo, você precisa firmar o forte compromisso de submeter-se ao experimento apresentado a seguir. Você se arriscará a sofrer mais dor e rejeição, mas também deve se preparar para recuperar um casamento saudável e prazeroso. Avalie o custo; vale a pena tentar.

1. Pergunte como você pode ser um cônjuge melhor e, independentemente da atitude do outro, aja de acordo com o que ele/ela lhe diz. Continue a buscar mais informações e a consentir com esses desejos com sinceridade e boa vontade. Garanta a seu cônjuge que sua motivação é pura.
2. Quando receber um retorno positivo, você saberá que existe progresso. A cada mês, faça a seu cônjuge um pedido não ameaçador, porém específico, que seja fácil para ele. Certifique-se de que o pedido tem relação com sua linguagem do amor primária e o ajudará a encher seu tanque vazio.
3. Quando seu cônjuge responder e satisfizer sua necessidade, você conseguirá reagir não apenas com sua vontade, mas também com suas emoções. Sem exagerar,

continue a responder positivamente e a elogiar seu cônjuge nesses momentos.

4. À medida que o casamento começar a curar-se e a aprofundar-se de verdade, tome cuidado para não "descansar nos louros da vitória" e esquecer-se da linguagem do amor de seu cônjuge e das necessidades diárias dele. Você está no caminho que conduz a seus sonhos; portanto, permaneça nele! Marque compromissos em sua agenda para avaliarem juntos como vocês estão se saindo.

CAPÍTULO 13

Uma palavra pessoal

Bem, o que você acha? Depois de ler estas páginas, de ter entrado e saído da vida de diversos casais, visitado pequenos vilarejos e grandes cidades, sentado comigo no consultório de aconselhamento e conversado com pessoas em restaurantes, qual é sua opinião? Estes conceitos são capazes de alterar radicalmente o clima emocional do seu casamento? O que aconteceria se você descobrisse a linguagem do amor primária de seu cônjuge e escolhesse falá-la com regularidade?

Nem você nem eu podemos responder a essa pergunta sem antes fazer uma tentativa. Sei que muitos casais que ouviram esse conceito em meus seminários dizem que optar pelo amor e expressá-lo na linguagem do amor primária de seu cônjuge produz uma diferença enorme em seu casamento. Quando a necessidade emocional de amor é satisfeita, cria-se um clima que permite ao casal lidar com os demais aspectos da vida de maneira muito mais produtiva. Veja Richard e Lyla, por exemplo. Lyla imaginou que a linguagem do amor primária de Richard eram palavras de afirmação, em geral envolvendo algumas coisas específicas ("Gosto de como você me protege; isso faz que eu me sinta amada"). "Para mim, é de grande ajuda entendê-lo", disse ela. "Claro, isso não quer dizer que eu sempre fale as coisas certas! Mas o simples fato de saber como ele é acabou nos aproximando." Lyla diz que sua linguagem do amor são atos de serviço. "Richard me elogiava porque essa é a linguagem do amor dele, mas, por alguma razão, isso nunca fez que eu me sentisse assim tão bem. Mas quando descobrimos que o que eu realmente valorizava eram atos de serviço, mesmo algo pequeno como me levar café na cama pela manhã, nosso casamento deu um grande passo."

Cada um de nós chega ao casamento com personalidades e históricos diferentes. Trazemos bagagem emocional para o relacionamento conjugal. Chegamos com expectativas diferentes, formas diferentes de encarar as coisas, e opiniões distintas sobre o que é importante na vida. Num casamento saudável, essa variedade de perspectivas deve ser tratada. Não precisamos concordar em tudo, mas, sim, encontrar uma maneira de lidar com nossas diferenças de modo que elas não provoquem divisão. Com tanques de amor vazios, os casais tendem a discutir e se afastar, e alguns chegam a ser violentos verbal ou fisicamente em suas discussões. Quando o tanque de amor está cheio, porém, cria-se um clima de amizade, de buscar o entendimento, de disposição para aceitar as diferenças e negociar os problemas. Estou convencido de que não há outra área do casamento que afete o restante da relação tanto quanto a satisfação da necessidade emocional do amor.

Não precisamos concordar em tudo, mas, sim, encontrar uma maneira de lidar com nossas diferenças de modo que elas não provoquem divisão.

A capacidade de amar, especialmente quando o cônjuge não retribui o amor, pode parecer uma impossibilidade para algumas pessoas. Esse tipo de amor pode exigir que recorramos a nossos recursos espirituais. Alguns anos atrás, quando enfrentava minhas próprias dificuldades no casamento, redescobri minhas raízes espirituais. Criado na tradição cristã, reexaminei a vida de Cristo. Quando o ouvi orar por aqueles que o estavam matando, usando as palavras "Pai, perdoa-lhes, pois não sabem o que estão fazendo", logo soube que eu queria esse tipo de amor. Dediquei minha vida a Jesus e descobri que ele fornece a energia espiritual interior para amar, mesmo quando o amor não é correspondido.

As altas taxas de divórcio são testemunhas de que milhares de casais vivem com o tanque de amor emocional vazio. Creio que os conceitos deste livro podem causar impacto significativo em casamentos e famílias em todo o mundo.

Não escrevi este livro como um tratado acadêmico a ser guardado em bibliotecas universitárias, embora espere que professores de sociologia e psicologia o considerem útil em seus cursos sobre casamento e vida familiar. Não escrevi visando àqueles que estudam o casamento, e sim aos que são casados, que já experimentaram a euforia da paixão, que entraram no casamento com grandes sonhos de fazer o outro feliz, mas que, diante da realidade da vida cotidiana, correm o risco de perder esse sonho por completo. Minha esperança é que milhares desses casais não apenas redescubram seu sonho, mas também encontrem o caminho para tornar seus sonhos realidade.

Sonho com o dia em que o potencial dos casais de todo o mundo seja desencadeado para o bem da humanidade, em que maridos e esposas vivam com tanques emocionais de amor completamente cheios e saiam para alcançar seu potencial como indivíduos e como casais. Sonho com o dia em que crianças cresçam em lares cheios de amor e segurança, onde as energias dos filhos sejam canalizadas para o aprendizado e o serviço, e não na busca do amor que não receberam em casa. Meu desejo é que esta pequena obra reacenda as chamas do amor em seu casamento e no casamento de milhares de outros casais.

Escrevi tudo isto para você. Espero que o livro mude sua vida. E, se mudar, não deixe de doá-lo a outra pessoa. Eu ficaria muito feliz se você presenteasse um exemplar a sua família, a seus irmãos e irmãs, a seus filhos casados, a seus colegas de trabalho, aos membros de seu clube, igreja ou sinagoga. Quem sabe, juntos, possamos ver nosso sonho se tornar realidade.

As perguntas mais comuns sobre as cinco linguagens do amor

1. O que acontece se eu não conseguir descobrir a minha linguagem do amor primária?

"Preenchi o Questionário da Linguagem do Amor e minha pontuação foi quase idêntica para todas, exceto para presentes. Sei que essa não é minha linguagem do amor primária."

No livro, discuto três abordagens para descobrir sua linguagem do amor.

- Primeiro, observe sua forma habitual de expressar amor. Se você realiza atos de serviço regularmente para as outras pessoas, essa pode ser sua linguagem do amor. Se você costuma elogiar as pessoas, então palavras de afirmação são provavelmente a sua linguagem.
- Do que você costuma reclamar? Ao dizer a seu cônjuge: "Acho que você jamais me tocaria se eu não tomasse a iniciativa", você está revelando que toque físico é sua linguagem do amor. Quando seu cônjuge viaja a trabalho e você diz: "Você não me trouxe nada?", mostra que presentes são sua linguagem do amor. A declaração "Nós nunca passamos tempo juntos" indica que sua linguagem do amor é tempo de qualidade. Suas reclamações revelam seus desejos interiores. (Se tiver dificuldade para lembrar-se do que mais reclama, sugiro que pergunte a seu cônjuge. Existe uma grande chance de que ele saiba.)
- O que você pede de seu cônjuge com mais frequência? Se você diz coisas como "Você poderia fazer uma massagem em

minhas costas?", então está pedindo toque físico. "Será que poderíamos viajar num final de semana neste mês?" é um pedido de tempo de qualidade. "Seria possível você cortar a grama hoje à tarde?" expressa seu desejo por atos de serviço. (Sua resposta a essas três perguntas provavelmente revelará sua linguagem do amor primária.)

Um marido me disse que descobriu sua linguagem do amor seguindo o processo de eliminação. Ele sabia que presentes não eram sua linguagem, de modo que restavam apenas quatro possibilidades. Perguntou a si mesmo: "Se eu tivesse de eliminar uma, qual eu eliminaria primeiro?". Sua resposta foi tempo de qualidade. "Das três que restaram, se eu tivesse de eliminar mais uma, qual seria?" Ele concluiu que, com exceção do ato sexual, ele eliminaria toque físico. Ele poderia seguir pela vida sem tapinhas, abraços e mãos dadas. Restaram atos de serviço e palavras de afirmação. Embora apreciasse as coisas que sua esposa lhe fazia, ele sabia que as palavras de afirmação dela realmente lhe davam vida. Ele poderia viver um dia inteiro só com um comentário positivo dela. Assim, palavras de afirmação eram sua linguagem do amor primária e atos de serviço, a secundária.

2. E se eu não conseguir descobrir a linguagem do amor do meu cônjuge?

"Meu marido não leu o livro, mas conversamos sobre as linguagens do amor. Ele diz que não sabe qual é sua linguagem do amor."

Minha primeira sugestão é dar a ele um exemplar de *As cinco linguagens do amor para homens* [no prelo]. Por ser escrito especificamente para maridos, existe uma maior possibilidade de ele ler. Se o fizer, ele ficará ansioso para compartilhar sua linguagem do amor com você. Mas, se ele não se dispuser a ler o livro, sugiro que você responda às três perguntas discutidas anteriormente.

- Como ele costuma expressar amor?
- Do que ele reclama com mais frequência?
- O que ele pede com mais frequência?

Embora as reclamações de nosso cônjuge normalmente nos irritem, elas nos fornecem informações valiosas. Por exemplo se o cônjuge diz: "Nunca passamos tempo juntos", você pode ser tentado a dizer: "O que você quer dizer com isso? Saímos para jantar na quinta-feira". Uma declaração defensiva como essa colocará um ponto final na conversa. Contudo, se você responder: "O que você gostaria que fizéssemos?", provavelmente obterá uma resposta. As reclamações do seu cônjuge são os indicadores mais poderosos de sua linguagem do amor primária.

Outra possível abordagem é fazer uma experiência de cinco semanas. Na primeira semana, você se concentra em uma das cinco linguagens do amor e procura falá-la todos os dias, observando a reação do cônjuge. No sábado e no domingo, descanse. Na segunda semana — de segunda a sexta — você se concentra em outra linguagem do amor e prossegue com uma linguagem diferente em cada uma das semanas. Na semana em que estiver falando a linguagem do amor primária de seu cônjuge, você provavelmente perceberá uma diferença no semblante dele e na maneira que ele lhe responde. Logo ficará evidente que aquela é a linguagem do amor primária dele.

3. A linguagem do amor muda à medida que envelhecemos?

Acredito que nossa linguagem do amor primária tende a permanecer conosco a vida toda. É como muitos outros traços de personalidade que desenvolvemos no início da vida e que permanecem consistentes ao londo dele. Uma pessoa altamente organizada, por exemplo, era organizada na infância. Uma pessoa mais pacata e relaxada já devia apresentar essa característica quando pequena. Isso é verdadeiro para diversos traços de personalidade.

Contudo, existem certas situações na vida que tornam as outras linguagens do amor extremamente atraentes. Por exemplo: sua linguagem do amor primária podem ser palavras de afirmação, mas, se você é mãe de três filhos em idade pré-escolar, então a linguagem atos de serviço por parte de seu marido será extremamente atraente. Se ele lhe der apenas palavras de afirmação e não oferecer ajuda com as responsabilidades da casa, você pode começar a pensar coisas como: "Estou cansada de ouvi-lo dizer que me ama e nunca levantar uma mão para me ajudar". Para aquele período, pode parecer que atos de serviço se tornaram a linguagem do amor primária. No entanto, se as palavras de afirmação cessarem, você rapidamente saberá que essa continua a ser a linguagem do amor primária dele.

Se você vivenciar a morte de um parente ou amigo próximo, ainda que toque físico não seja sua linguagem do amor primária, um longo abraço de seu cônjuge pode ser a coisa mais significativa naquele momento. Existe algo no ato de ser segurado em meio ao nosso luto que comunica que somos amados. Embora toque físico não seja sua linguagem do amor primária, ela é extremamente significativa em ocasiões como essas.

4. O conceito das cinco linguagens do amor funciona com crianças?

Certamente que sim. Gosto de imaginar que dentro de cada criança existe um tanque de amor emocional. Se a criança se sentir amada por seus pais, crescerá normalmente. Mas, se o tanque de amor estiver vazio e a criança não se sentir amada, ela crescerá com muitas lutas interiores e, durante a adolescência, procurará por amor nos lugares errados. É extremamente importante que os pais aprendam a amar seus filhos com eficiência. Algum tempo atrás, o psiquiatra Ross Campbell e eu escrevemos o livro *As cinco linguagens do amor das crianças*. Foi escrito para pais e planejado para ajudá-los a descobrir a linguagem do amor primária do filho. A obra também discute como relacionar a linguagem do amor com a raiva, o aprendizado e a disciplina infantil.

Um dos pontos destacados no livro é que as crianças precisam aprender a receber e a dar amor em todas as cinco linguagens. Isso produz um adulto emocionalmente sadio. Assim, pais são encorajados a conceder grandes doses da linguagem do amor primária da criança e, então, dar doses menores das outras quatro. Quando a criança recebe amor em todas as cinco linguagens, ela aprende a amar em todas elas.

5. A linguagem do amor da criança muda quando ela chega à adolescência?

Certo pai me disse: "Li seu livro *As cinco linguagens do amor das crianças*. Ele nos ajudou muito a criar nossos filhos. Hoje em dia, porém, nosso filho já é adolescente. Fazemos as mesmas coisas de sempre, mas parece que não está mais funcionando. Será que a linguagem do amor dele mudou?".

Não creio que a linguagem do amor de uma criança mude aos 13 anos. É preciso, no entanto, aprender novas maneiras de falar a linguagem do amor primária da criança. Praticamente tudo que foi feito no passado será considerado infantil pelo adolescente, e ele desejará se afastar daquilo. Se a linguagem do amor do adolescente for toque físico e você ficar abraçando-o e beijando-o no rosto, o adolescente pode muito bem empurrá-lo para longe e dizer: "Me deixe em paz!". Isso não significa que ele não precisa de toque físico; significa que ele considera esses toques em particular algo infantil. Você agora precisa falar toque físico em dialetos mais adultos, como um cutucão com o cotovelo, uma pancada leve no ombro, um tapinha nas costas ou brincar de luta com ele no tapete da sala. Esses toques comunicarão seu amor. A pior coisa a fazer a um adolescente cuja linguagem é toque físico é afastar-se quando ele disser "Não me toque".

No meu livro *As cinco linguagens do amor dos adolescentes*, escrito para pais, também discuto o desejo de liberdade do adolescente e a necessidade de fazer a conexão entre liberdade avançada e responsabilidade avançada. À medida que os adolescentes ficam mais velhos, tornam-se mais capazes. Por isso, precisam de mais responsabilidades. Quando essas responsabilidades estão ligadas a uma liberdade maior, o adolescente é motivado a tornar-se um jovem responsável.

Se, por exemplo, você permitir que seu filho dirija o automóvel da família (contanto que tenha idade legal para isso), essa liberdade deve ser acompanhada de uma responsabilidade como lavar o carro todos os sábados até o meio-dia. Se ele deixar de cumprir essa responsabilidade, deve haver consequências específicas já determinadas, como perder o privilégio de dirigir por dois dias. Se o pai aplicar as consequências de maneira consistente, o adolescente terá um carro extremamente limpo e aprenderá que liberdade e responsabilidade são lados opostos da mesma moeda.

6. O que fazer se a linguagem do amor primária de seu cônjuge for algo difícil para você?

"Não cresci numa família muito afeita a toques e, agora, descobri que a linguagem do amor primária de meu cônjuge é toque físico. Tenho muita dificuldade de iniciar o toque físico."

A boa notícia é que todas as cinco linguagens do amor podem ser aprendidas. É verdade que a maioria de nós cresceu falando apenas uma ou duas dessas linguagens. Elas surgem naturalmente, e é relativamente fácil falá-las. As outras devem ser aprendidas. Como em toda situação de aprendizado, pequenos passos geram grandes ganhos. Se a linguagem de seu cônjuge é toque físico e você não é afeito a toques, comece com coisas pequenas como colocar a mão no ombro do cônjuge enquanto põe café na xícara dele ou dar um "tapinha amoroso" no ombro dele ao passar por perto. Esses pequenos toques começarão a derrubar a barreira. Depois, a próxima será mais fácil, e você pode se tornar fluente na linguagem do toque físico.

O mesmo é verdadeiro com outras linguagens. Se você não é uma pessoa de palavras de afirmação e descobrir que essa é a linguagem de seu cônjuge, como indicado no livro, é possível fazer uma lista de declarações que você ouve de outras pessoas ou lê em revistas e livros. Coloque-se diante do espelho e leia a lista até sentir-se confortável em ouvir sua voz dizendo essas palavras. Então escolha uma das declarações, caminhe pela sala e diga-a a seu cônjuge. As coisas ficarão mais fáceis a cada elogio. Não apenas seu cônjuge se sentirá bem com a mudança de comportamento, como você também se sentirá bem consigo mesmo, pois sabe que expressa amor com eficácia.

7. Há linguagens mais próprias de homens ou de mulheres?

Não fiz uma pesquisa para saber se as linguagens do amor possuem ligação com o gênero. É possível que mais homens tenham toque físico e palavras de afirmação como linguagens do amor e mais mulheres apresentem tempo de qualidade e presentes. Mas não sei se isso é verdadeiro.

Prefiro lidar com as linguagens do amor como neutras em relação ao gênero. O que sei de fato é que qualquer uma dessas linguagens pode ser a linguagem do amor primária tanto do homem quanto da mulher. O importante no casamento é descobrir a linguagem do amor primária e secundária do cônjuge e falar essa linguagem com regularidade. Se agir assim, você criará um clima emocional sadio para o crescimento conjugal.

8. Como você descobriu as cinco linguagens do amor?

No livro, relato alguns de meus encontros com casais ao longo dos anos que me fizeram perceber que aquilo que faz alguém se sentir amado não necessariamente exerce o mesmo poder sobre outra pessoa. Durante muitos anos, ajudo casais no consultório de aconselhamento a descobrir o que seu cônjuge deseja para sentir-se amado. Por fim, comecei a enxergar um padrão em suas respostas. Diante disso, decidi ler minhas anotações feitas em mais de doze anos de aconselhamento a casais e perguntei a mim mesmo: "Quando uma pessoa se sentava em meu gabinete e dizia: 'Tenho a sensação de que meu cônjuge não me ama', o que ela queria?". As respostas se encaixavam em cinco categorias. Mais tarde, chamei essas categorias de cinco linguagens do amor.

Em seguida, comecei a compartilhar essas linguagens em oficinas e em grupos de estudo. Toda vez que eu compartilhava o conceito das cinco linguagens, "acendiam-se as luzes" dos casais e eles percebiam a razão de não entenderem o outro emocionalmente. Quando descobriam e começavam a falar a linguagem do amor primária do cônjuge, havia uma mudança enorme no clima emocional do casamento. Decidi, portanto, escrever um livro no qual compartilharia o conceito, na esperança de influenciar milhares de casais com quem nunca teria oportunidade de me encontrar pessoalmente. Agora que o livro vendeu mais de cinco milhões de exemplares em inglês e foi traduzido para 38 idiomas ao redor do mundo, sinto que meus esforços foram mais que recompensados.

9. As linguagens do amor funcionam em outras culturas?

Por ter formação acadêmica em antropologia, essa foi minha pergunta quando uma editora de língua espanhola pediu permissão para traduzir e publicar o livro em espanhol. No início, eu disse: "Não sei se funciona em espanhol. Descobri esse conceito num contexto anglo-saxônico". A editora disse: "Lemos o livro, e ele funciona em espanhol". Assim, fiquei feliz em saber que a obra seria traduzida e publicada nessa língua. Em seguida, vieram as edições em francês, alemão, holandês etc. Em praticamente qualquer cultura, o livro se tornou o *best-seller* da editora que o lançou. Isso me faz crer que essas cinco maneiras fundamentais de expressar amor são universais.

Contudo, os dialetos nos quais essas linguagens são faladas diferem de uma cultura para outra. Os tipos de toque, por exemplo, que são apropriados numa cultura podem não ser adequados em outra. Os atos de serviço falados numa cultura podem não ser falados em outra. Mas, feitas essas adaptações culturais, o conceito das cinco linguagens do amor causa impacto profundo nos casais daquela cultura.

10. Por que, em sua opinião, *As cinco linguagens do amor* fez tanto sucesso?

Creio que nossa necessidade emocional mais profunda é a de nos sentirmos amados. Para os casados, a pessoa que mais desejamos que nos ame é nosso cônjuge. Se nos sentirmos amados por nosso cônjuge, o mundo inteiro brilha e a vida é maravilhosa. Por outro lado, se nos sentirmos rejeitados ou ignorados, o mundo parece escuro e sombrio.

A maioria das pessoas se casou quando ainda tinha os eufóricos sentimentos da paixão. Quando esse sentimentos se evaporam em algum momento após a cerimônia matrimonial e as divergências começam a aparecer, instala-se o conflito. Sem nenhum plano positivo para resolver as discussões, começam a fazer duras críticas um ao outro. Essas palavras ásperas geram sentimentos de dor, decepção e raiva. Além de não se sentirem amadas, começam a ressentir-se um do outro.

Quando os casais leem *As cinco linguagens do amor*, descobrem por que perderam os sentimentos românticos da época do namoro e como o amor emocional pode ser reacendido no relacionamento. Assim que começam a falar a linguagem do amor primária um do outro, eles se surpreendem ao ver quão rapidamente suas emoções se tornam positivas. Com o tanque de amor cheio, podem agora processar seus conflitos de maneira muito mais positiva, bem como encontrar soluções praticáveis. O renascimento do amor emocional gera um clima emocional positivo entre o casal, e eles aprendem a trabalhar juntos como uma equipe — encorajando, apoiando e ajudando um ao outro a alcançar objetivos importantes.

Uma vez que isso acontece, há o desejo de compartilhar a mensagem das cinco linguagens do amor com todos os seus amigos. A cada ano desde a primeira publicação, *As cinco linguagens do amor* vende mais que no ano anterior. Creio que o sucesso do livro pode ser atribuído aos casais que o leram, aprenderam a falar a linguagem um do outro e o recomendaram a seus amigos.

11. O que devo fazer se eu falar a linguagem do amor de meu cônjuge, mas ele não corresponder?

"Meu marido não queria ler o livro, por isso decidi falar sua linguagem do amor e ver o que aconteceria. Não aconteceu nada. Ele nem sequer se deu conta de que eu estava fazendo alguma coisa diferente. Por quanto tempo devo continuar a falar a linguagem do amor dele quando não há resposta?"

Sei quão desanimadora pode ser a sensação de investir no casamento e não receber nada em troca. Existem duas possibilidades para o fato de seu marido não estar respondendo. A primeira e mais provável é que você está falando a linguagem do amor errada. As esposas costumam presumir que a linguagem do marido é toque físico. Assim, fazem mudanças significativas na maneira de responder aos desejos sexuais dele. É comum elas passarem a tomar a iniciativa na relação sexual. A esposa tenta sinceramente falar a linguagem do amor do marido. Quando ele não reconhece seus esforços, ela desanima. Na realidade, a linguagem do amor primária dele podem ser palavras de afirmação. Uma vez que ela não percebe amor da parte dele, ela pode se tornar verbalmente crítica. As palavras ditas por ela são como adagas no coração do marido, de modo que ele se afasta. O único prazer que lhe resta no casamento são aqueles momentos de intimidade sexual, mas eles não são suficientes para aliviar o senso emocional de rejeição causado pelas palavras críticas dela. Ele sofre em silêncio enquanto ela se frustra com o fato de seus esforços para melhorar o casamento não serem bem-sucedidos. O problema não é a sinceridade dela; o problema é que ela está falando a linguagem do amor errada.

Por outro lado, presumindo que você esteja falando a linguagem do amor primária de seu cônjuge, existe outra razão de ele não estar respondendo positivamente. Se o marido já está envolvido em outro relacionamento romântico, seja emocional, seja sexual, é comum presumir que os esforços chegaram tarde demais. Talvez o cônjuge presuma que seus esforços são temporários e insinceros, e que você procura simplesmente manipulá-lo para que ele permaneça no casamento. Mesmo que seu cônjuge não esteja envolvido com outra pessoa, se o relacionamento tem sido hostil por um longo período de tempo, ele ainda pode encarar seus esforços como mera manipulação.

Nessa circunstância, a tentação é desistir e parar de falar a linguagem do amor do cônjuge, porque isso não vem fazendo a menor diferença. A pior coisa a fazer é ceder a essa tentação. Se você desistir, a conclusão de seu cônjuge de que seus esforços tinham o único propósito de manipulá-lo será confirmada. O melhor método consiste em continuar a falar a linguagem do amor do cônjuge com regularidade, não importa como ele o trate. Estabeleça um objetivo de seis meses, nove meses ou um ano. Sua atitude precisa ser esta: "Seja qual for a reação de meu cônjuge, vou amá-lo em sua linguagem do amor o tempo todo. Se ele se afastar de mim, estará se afastando de alguém que o ama incondicionalmente". Essa atitude mantém você no caminho positivo, mesmo nos momentos de desânimo. Não há nada mais poderoso que amar seu cônjuge, mesmo quando ele não responde positivamente. Seja qual for a resposta final de seu cônjuge, você terá a satisfação de saber que fez tudo a seu alcance para restaurar o casamento. Se, por fim, ele decidir corresponder a seu amor, você terá demonstrado a si mesmo o poder do amor incondicional — e colherá os benefícios do renascimento do amor mútuo.

12. O amor pode renascer depois da infidelidade sexual?

Nada é mais devastador para a intimidade conjugal do que a infidelidade sexual. A relação sexual é uma experiência que cria vínculos. Ela une duas pessoas da maneira mais profunda possível. Todas as culturas realizam uma cerimônia pública de casamento e uma consumação particular do casamento por meio da relação sexual. O sexo é planejado para ser a expressão singular de nosso compromisso mútuo para o resto da vida. Quando esse compromisso é rompido, as consequências para o casamento são arrasadoras.

Isso não significa, porém, que o casamento está destinado ao divórcio. Se a parte ofensora estiver disposta a romper o envolvimento extraconjugal e realizar o duro trabalho de reconstrução do casamento, então é possível haver restauração genuína. Em minha prática de aconselhamento, tenho visto grande número de casais que experimentaram cura depois da infidelidade sexual. Essa restauração não envolve apenas a ruptura do caso extraconjugal, mas a procura da razão que levou à infidelidade. O sucesso na restauração é um método em duas bases. Primeiro, a parte ofensora deve se dispor a examinar sua própria personalidade, suas crenças e estilo de vida que levaram ao caso. É preciso haver disposição para mudar atitudes e padrões de comportamento. Segundo, o casal precisa se dispor a analisar com honestidade a dinâmica do casamento e estar aberto a substituir padrões destrutivos por hábitos positivos de integridade e sinceridade. Essas duas atitudes exigem a ajuda de um conselheiro profissional.

As pesquisas indicam que os casais com maior possibilidade de sobreviver à infidelidade sexual são aqueles nos quais ambos recebem aconselhamento individual e conjugal. Entender as cinco linguagens do amor e optar por falar a linguagem do outro é uma atitude que pode ajudar a instituir um clima emocional no qual o árduo trabalho de restauração do casamento possa ser bem-sucedido.

13. O que fazer quando o cônjuge se recusa a falar sua linguagem do amor, mesmo sabendo qual é ela?

"Nós dois lemos *As cinco linguagens do amor*, preenchemos o questionário e discutimos nossas linguagens do amor primárias. Isso aconteceu dois meses atrás. Minha esposa sabe que minha linguagem do amor são palavras de afirmação. Contudo, em dois meses, ainda não a ouvi dizer nada de positivo. A linguagem dela são atos de serviço. Comecei a fazer vários serviços domésticos que ela me pediu. Acho que ela gosta do que eu faço, mas ela nunca me diz."

Deixe-me dizer primeiro que não podemos fazer nosso cônjuge falar nossa linguagem do amor. O amor é uma escolha. Podemos pedir amor, mas não exigi-lo. Dito isso, sugiro algumas possíveis razões de sua esposa não estar falando sua linguagem do amor. Ela pode ter crescido num lar onde recebia poucas palavras positivas. Seus pais talvez a criticassem muito. Assim, ela não tem um modelo positivo de palavras de afirmação a seguir. Quem sabe seja muito difícil para ela falar essas palavras. Isso exigirá esforço da parte dela e paciência de sua parte à medida que ela aprende a falar uma linguagem que lhe é estranha.

Uma segunda razão possível para ela não falar sua linguagem do amor é o medo de que, ao dizer palavras de afirmação por causa de algumas poucas mudanças, você se tornará complacente e não realizará as mudanças maiores que ela espera. É a ideia equivocada de que, se eu recompensar a mediocridade, reduzirei as aspirações da pessoa para melhorar. Esse é um mito bastante comum e que impede os pais de elogiarem seus filhos. Obviamente, não é verdade. Se a linguagem do amor primária de uma pessoa são palavras de afirmação, esses elogios desafiam a pessoa a alcançar maiores níveis de realização.

Minha sugestão é que você inicie o jogo de Verificação do Tanque apresentado neste livro. Pergunte a ela: "Numa escala de zero a dez, quão cheio está seu tanque de amor?". Se ela responder qualquer coisa abaixo de dez, pergunte: "O que eu poderia fazer para ajudar a enchê-lo?". Seja o que for dito, realize com o máximo de empenho. Se você fizer isso uma vez por semana durante um mês, é bem possível que ela comece a perguntar quão cheio está o seu tanque, e você poderá fazer pedidos a ela. Essa é uma maneira divertida de ensinar o cônjuge a falar sua linguagem do amor.

14. Existe possibilidade de o amor emocional retornar quando ele se foi há mais de trinta anos?

"Não somos inimigos. Não brigamos. Simplesmente vivemos na mesma casa como se fôssemos colegas de quarto."

Responderei a essa pergunta com uma história verdadeira. Um casal me procurou em um dos meus seminários. O marido disse:

— Queremos agradecer ao senhor por trazer nova vida a nosso casamento. Estamos casados há trinta anos, mas as duas últimas décadas foram extremamente vazias. Se você quer saber quão ruim estava nosso casamento, digo que não tiramos férias juntos há vinte anos. Simplesmente vivemos na mesma casa, tentamos ser civilizados, e isso é tudo.

Ele prosseguiu:

— Um ano atrás, compartilhei minha luta com um amigo. Ele foi até a casa dele, voltou com um exemplar de *As cinco linguagens do amor* e me disse: "Leia isto. Vai ajudá-lo". A última coisa que eu queria fazer era ler outro livro, mas li mesmo assim. Fui para casa naquela noite e li o livro inteiro. Terminei por volta das 3 da manhã e, a cada capítulo, uma luz se acendia. Percebi que, com o passar dos anos, havíamos deixado de falar a linguagem do amor um do outro. Dei o livro a minha esposa e perguntei se ela poderia ler e me dizer o que achava daquilo tudo. Duas semanas depois, ela disse: "Eu li o livro". Perguntei: "O que achou dele?". "Acho que, se tivéssemos lido este livro trinta anos atrás, nosso casamento seria bem diferente", respondeu ela. Então eu lhe disse: "Foi a mesma coisa que pensei. Você acha que fará alguma diferença se tentarmos agora?". Ela respondeu: "Não temos nada a perder". Perguntei: "Isso significa que você está disposta a tentar?". Ela respondeu: "Sim, com certeza eu tentarei". Conversamos sobre a linguagem do amor primária de cada um e concordamos que tentaríamos falar essa linguagem pelo menos uma vez por semana e ver o que aconteceria. Se alguém me dissesse que, em dois meses, eu teria sentimentos amorosos por ela de novo, não acreditaria. Mas foi o que aconteceu.

Então a esposa disse:

— Se alguém me dissesse que eu voltaria a ter sentimentos amorosos por ele de novo, eu teria dito: "De jeito nenhum. Já aconteceu muita coisa". Este ano tiramos férias juntos pela primeira vez em vinte anos e passamos momentos maravilhosos. Dirigimos por mais de seiscentos quilômetros para vir a seu seminário e gostamos muito de estar aqui juntos. Estou triste por termos desperdiçado tantos anos apenas vivendo na mesma casa quando poderíamos ter tido um relacionamento de amor. Obrigado por seu livro.

Emocionado, respondi:

— Obrigado por me contarem sua história. Acho que ela é muito encorajadora. Espero que vocês façam que os próximos vinte anos sejam tão empolgantes que os últimos vinte sejam apenas uma vaga lembrança.

Os dois disseram ao mesmo tempo:

— É isso que pretendemos fazer!

O amor emocional pode renascer num casamento, mesmo depois de trinta anos? Sim, contanto que os dois estejam dispostos a falar a linguagem do amor um do outro.

15. Sou solteiro. Como o conceito da linguagem do amor se aplica a mim?

Durante todos esses anos, muitos adultos solteiros me disseram: "Sei que você escreveu seu livro originalmente para pessoas casadas. Contudo, eu o li e o conceito me ajudou em todos os meus relacionamentos. Por que você não escreve um livro sobre as cinco linguagens do amor para solteiros?". Eu aceitei a sugestão. O nome do livro é *As cinco linguagens do amor para solteiros*. No livro, procuro ajudar adultos solteiros a aplicar o conceito das linguagens do amor em todos os seus relacionamentos. Começo ajudando-os a entender por que se sentiram amados ou não durante a infância.

Um jovem que está na prisão me disse: "Obrigado por compartilhar as cinco linguagens do amor. Pela primeira vez na vida, finalmente entendi que minha mãe me ama. Percebi que minha linguagem do amor é toque físico, mas minha mãe nunca me abraçou. Na verdade, o primeiro abraço que me lembro de ter recebido de minha mãe foi no dia em que fui levado para a prisão. Mas percebi que ela falava atos de serviço com muita intensidade. Ela trabalhava duro para nos prover comida, roupas e um lugar para viver. Sei agora que ela me amava; ela simplesmente não estava falando a minha linguagem. Mas agora entendo de verdade o amor dela".

Também ajudo solteiros a aplicar o conceito das linguagens do amor no relacionamento com seus irmãos, no trabalho e nos relacionamentos amorosos. Estou muito animado com a reação dos adultos solteiros. Se você for solteiro, espero que venha a descobrir o que os outros têm descoberto. Expressar amor na linguagem do amor primária de uma pessoa melhora qualquer relacionamento.

Descubra sua linguagem do amor
Questionário para maridos

Você pode pensar que já sabe qual é sua linguagem do amor primária. Ou então, não faz a menor ideia de qual seja. O Questionário das Cinco Linguagens do Amor o ajudará a saber com certeza qual é sua linguagem: palavras de afirmação, tempo de qualidade, presentes, atos de serviço ou toque físico.

O questionário consiste em trinta pares de declarações. Você só pode escolher uma declaração de cada par como aquela que melhor representa seu desejo. Leia cada par de declarações e, então, na coluna à direita, marque a letra correspondente à declaração escolhida. Em alguns casos pode ser difícil decidir entre as duas declarações, mas você deve escolher apenas uma de cada par para garantir um resultado mais preciso.

Reserve de quinze a trinta minutos para responder ao questionário. Faça isso com calma, sem pressa de preenchê-lo. Feitas suas escolhas, conte o número de vezes que marcou cada letra. Marque os resultados no lugar adequado no final do questionário.

Talvez sua esposa não faça algumas dessas coisas, mas, se ela fizer, qual alternativa de cada par você prefere?

1	Gostaria que minha esposa me enviasse *e-mails* ou torpedos apaixonados.	A
	Gostaria de receber mais abraços de minha esposa.	E
2	Gostaria de passar mais tempo sozinho com minha esposa.	B
	Gosto de fazer serviços de casa com minha esposa.	D
3	Receber presentes especiais de minha esposa é algo que me deixa feliz.	C
	Uma das coisas de que mais gosto é viajar com minha esposa.	B
4	Gostaria que minha esposa fizesse as compras ou abastacesse meu carro.	D
	Gostaria que minha esposa me tocasse mais.	E
5	Gostaria que minha esposa me abraçasse em público.	E
	De vez em quando, gostaria de receber um presente surpresa de minha esposa.	C
6	Gosto de sair com minha esposa — mesmo que seja apenas uma ida ao supermercado!	B
	Gosto de andar de mãos dadas com minha esposa.	E
7	Valorizo os presentes de minha esposa.	C
	Adoraria ouvir minha esposa dizer "Amo você" com mais frequência.	A
8	Gostaria que minha esposa se sentasse perto de mim com mais frequência.	E
	Sinto-me amado quando minha esposa me diz: "Você está bonito".	A
9	Gostaria de passar mais tempo junto de minha esposa.	B
	Até mesmo o menor presente da minha esposa é importante para mim.	C

10	Adoraria ouvir minha esposa dizer: “Tenho orgulho de você”.	A
	Quando minha esposa me prepara uma bela refeição, sinto-me amado.	D
11	Gosto muito de fazer coisas com minha esposa, não importa o que seja.	B
	Gostaria que minha esposa me dissesse mais palavras de apoio.	A
12	Coisas pequenas que minha esposa faz significam muito para mim.	D
	Minha esposa e eu precisamos nos abraçar mais.	E
13	Gostaria de ouvir mais elogios de minha esposa.	A
	Para mim, é bastante significativo receber de minha esposa presentes de que gosto muito.	C
14	Gostaria que minha esposa e eu passássemos mais tempo juntos.	B
	Gostaria que minha esposa me fizesse afagos nas costas com mais frequência.	E
15	Gostaria que minha esposa ficasse mais feliz quando eu realizo alguma coisa.	A
	Gostaria que minha esposa me ajudasse mais com as tarefas de casa.	D
16	Nunca me canso dos beijos de minha esposa.	E
	Gostaria que minha esposa mostrasse mais interesse pelas coisas que gosto de fazer.	B
17	Gostaria que minha esposa trabalhasse comigo em algum projeto.	D
	Gostaria que minha esposa se animasse mais com meus presentes.	C

18	Adoro quando minha esposa elogia minha aparência.	A
	Gostaria que minha esposa não criticasse tanto minhas ideias.	B
19	Não consigo deixar de tocar minha esposa quando ela está por perto.	E
	Gostaria que, de vez em quando, minha esposa me ajudasse com algumas tarefas.	D
20	Gostaria que minha esposa percebesse quando eu estivesse sobrecarregado e me ajudasse.	D
	Gostaria que minha esposa pensasse mais em presentes para me dar.	C
21	Gostaria que minha esposa me desse total atenção enquanto conversamos.	B
	Manter a casa limpa é um importante ato de serviço.	D
22	Estou ansioso para saber o que minha esposa vai me dar de aniversário.	C
	Sei que minha esposa me ama, mas gostaria que ela dissesse isso com mais frequência.	A
23	Eu ficaria bem feliz se minha esposa me trouxesse um presente na volta de uma viagem.	C
	Gostaria que minha esposa me ajudasse com alguma tarefa de casa que não aprecio.	D
24	Fico chateado quando minha esposa me interrompe.	B
	Jamais me canso de receber presentes de minha esposa.	C
25	Gostaria que minha esposa me ajudasse quando eu estiver cansado.	D
	Gostaria que minha esposa fosse tão animada para sair quanto eu.	B

26	Adoro fazer sexo com minha esposa.	E
	Gosto quando minha esposa traz pequenas coisas de que ela sabe que vou gostar.	C
27	Gostaria que minha esposa fosse mais incentivadora.	A
	Gosto de ver filmes com minha esposa.	B
28	Se eu recebesse um presente de minha esposa, eu me sentiria querido.	C
	Não consigo desgrudar de minha esposa.	E
29	Adoraria que minha esposa me ajudasse com as coisas que tenho para fazer.	D
	Ficaria muito feliz se, de vez em quando, minha esposa dissesse coisas como: "Gosto de você".	A
30	Adoro abraçar minha esposa depois de termos ficado longe por um tempo.	E
	Quero ouvir minha esposa dizer que acredita em mim.	A

A: ____ B:____ C:____ D:____ E:____

A= Palavras de afirmação
B= Tempo de qualidade
C= Presentes
D= Atos de serviço
E= Toque físico

Interpretação e uso da pontuação do questionário

Sua linguagem do amor primária é aquela que receber a pontuação mais alta. Se houver duas linguagens do amor com a mesma pontuação, você é "bilíngue" e tem duas linguagens do amor primárias. Se a segunda linguagem do amor com pontuação mais alta estiver perto, mas a pontuação não for igual à da sua linguagem do amor primária, isso significa que as duas expressões de amor são importantes para você. A pontuação mais alta possível para qualquer uma das linguagens do amor é 12.

Algumas das linguagens do amor podem ter alcançado pontuação mais alta que outras, mas não despreze as de menor pontuação, achando que elas são insignificantes. Sua esposa pode expressar amor daquelas maneiras, e será bom que você entenda isso em relação a ela.

Da mesma forma, é bom que sua esposa saiba qual é a sua linguagem do amor e expresse afeição através de maneiras que você interpreta como amor. Toda vez que você ou sua esposa falar a linguagem um do outro, vocês marcam pontos emocionais. É claro que este não é um jogo de que seja necessário manter uma contagem! A recompensa por falar a linguagem do amor um do outro é uma maior sensação de conexão, que se traduz em melhor comunicação, maior compreensão e, em última análise, romance melhorado.

Se sua esposa ainda não preencheu o questionário, incentive-a a preencher o Questionário para Esposas, disponível nas páginas seguintes. Discutam as respectivas linguagens do amor de cada um e usem este *insight* para melhorar seu casamento!

Descubra a sua linguagem do amor
Questionário para esposas

Palavras de afirmação, tempo de qualidade, presentes, atos de serviço ou toque físico? Qual dessas é a sua linguagem do amor primária? O questionário apresentado a seguir ajudará você a saber com certeza. Depois, você e seu marido poderão conversar sobre suas respectivas linguagens do amor e usar essa informação para melhorar seu casamento!

O questionário consiste em trinta pares de declarações. Você só pode escolher uma declaração de cada par como aquela que melhor representa seu desejo. Leia cada par de declarações e, então, na coluna à direita, marque a letra correspondente à declaração escolhida. Em alguns casos pode ser difícil decidir entre as duas declarações, mas você deve escolher apenas uma de cada par para garantir um resultado mais preciso.

Reserve de quinze a trinta minutos para responder ao questionário. Faça isso com calma, sem pressa de preenchê-lo. Feitas suas escolhas, conte o número de vezes que marcou cada letra. Marque os resultados no lugar adequado no final do questionário.

Talvez seu marido não faça algumas dessas coisas, mas, se ele fizer, qual alternativa de cada par você prefere?

1	Eu adoraria receber um *e-mail* ou torpedo romântico de meu marido.	A
1	Gostaria que meu marido me abraçasse mais.	E
2	Gosto de ficar sozinha com meu marido.	B
2	Gostaria que meu marido fizesse alguma tarefa doméstica sem que eu precisasse pedir.	D
3	Adoraria que meu marido me trouxesse um presente do tipo "comprei porque tive vontade".	C
3	Gosto de fazer longas viagens com meu marido.	B
4	Eu me sentiria muito amada se meu marido lavasse as roupas.	D
4	Gosto quando meu marido me toca.	E
5	Gostaria que meu marido me abraçasse de vez em quando.	E
5	Gostaria que meu marido me trouxesse presentes quando viajasse.	C
6	Gostaria que meu marido compartilhasse minha paixão por irmos a lugares juntos.	B
6	Gosto de segurar a mão de meu marido.	E
7	Sinto-me amada quando meu marido me dá presentes.	C
7	Sei que meu marido me ama, mas gosto de ouvi-lo dizer isso.	A
8	Gosto que meu marido se sente perto de mim.	E
8	Gostaria que meu marido sempre me dissesse que estou bonita.	A
9	Passar tempo com meu marido me deixa feliz.	B
9	Gostaria que meu marido me desse presentes pequenos, mas significativos.	C

10	Gostaria de ouvir meu marido dizer que se orgulha de mim.	A
	Gostaria que meu marido me ajudasse na limpeza sem que eu precisasse pedir.	D
11	Gosto muito de fazer coisas com meu marido, não importa o que seja.	B
	Gostaria de ouvir mais palavras de apoio de meu marido.	A
12	Gostaria que meu marido fizesse coisas gentis e amáveis para mim.	D
	Adoro abraçar meu marido.	E
13	Gostaria que meu marido me fizesse elogios com mais frequência.	A
	Gostaria que meu marido me desse presentes mais bem escolhidos.	C
14	O simples fato de estar perto de meu marido faz que eu me sinta bem.	B
	Gostaria que meu marido me fizesse uma massagem.	E
15	Gostaria que meu marido elogiasse mais as minhas realizações.	A
	Gostaria que meu marido me ajudasse mais com as tarefas que não aprecio.	D
16	Nunca me canso dos beijos de meu marido.	E
	Gostaria que meu marido demonstrasse mais interesse por coisas que são importantes para mim.	B
17	Sinto-me amada quando meu marido me ajuda em meus projetos.	D
	Ainda fico entusiasmada quando abro um presente de meu marido.	C

18	Gostaria que meu marido me elogiasse quando eu realizo meus objetivos.	A
	Gostaria que meu marido me escutasse mais e respeitasse minhas ideias.	B
19	Não consigo deixar de tocar meu marido quando ele está perto de mim.	E
	Gostaria que meu marido se oferecesse para ajudar nas tarefas.	D
20	Eu ficaria muito feliz se meu marido me ajudasse com as coisas da casa.	D
	Eu me sentiria amada se os presentes de meu marido demonstrassem atenção para comigo.	C
21	Gostaria que meu marido me desse atenção total quando conversamos.	B
	Gostaria muito que meu marido me ajudasse a limpar a casa.	D
22	Estou ansiosa para saber o que meu marido me dará de presente no meu aniversário.	C
	Quero ouvir meu marido dizer quão importante sou para ele.	A
23	Gostaria que meu marido me desse presentes com mais frequência.	C
	Gostaria que meu marido me ajudasse sem que eu precisasse pedir.	D
24	Fico chateada quando meu marido me interrompe.	B
	Nunca me canso de receber presentes de meu marido.	C
25	Gostaria que meu marido se oferecesse para me ajudar quando eu estiver cansada.	D
	Gosto de ir a qualquer lugar com meu marido.	B

26	Gostaria que meu marido e eu nos afagássemos com mais frequência.	E
	Gostaria que meu marido me surpreendesse mais frequentemente com presentes.	C
27	Os incentivos de meu marido me dão confiança.	A
	Adoro assistir a filmes com meu marido.	B
28	Gostaria que meu marido me desse um presente fora de alguma ocasião especial.	C
	Gostaria muito que meu marido me tocasse mais.	E
29	O fato de meu marido me ajudar é muito significativo para mim.	D
	Gostaria que meu marido dissesse: "Gosto de você".	A
30	Adoro abraçar meu marido quando ele chega em casa.	E
	Quero ouvir meu marido dizer que sente minha falta quando saio.	A

A: ____ B:____ C:____ D:____ E:____

A= Palavras de afirmação
B= Tempo de qualidade
C= Presentes
D= Atos de serviço
E= Toque físico

Interpretação e uso da pontuação do questionário

Sua linguagem do amor primária é aquela que receber a pontuação mais alta. Se houver duas linguagens do amor com a mesma pontuação, você é "bilíngue" e tem duas linguagens do amor primárias. Se a segunda linguagem do amor com pontuação mais alta estiver perto, mas a pontuação não for igual à da sua linguagem do amor primária, isso significa que as duas expressões de amor são importantes para você. A pontuação mais alta possível para qualquer uma das linguagens do amor é 12.

Algumas das linguagens do amor podem ter alcançado pontuação mais alta que outras, mas não despreze as de menor pontuação, achando que elas são insignificantes. Sua esposa pode expressar amor daquelas maneiras, e será bom que você entenda isso em relação a ela.

Da mesma forma, é bom que sua esposa saiba qual é a sua linguagem do amor e expresse afeição através de maneiras que você interpreta como amor. Toda vez que você ou sua esposa falar a linguagem um do outro, vocês marcam pontos emocionais. É claro que este não é um jogo de que seja necessário manter uma contagem! A recompensa por falar a linguagem do amor um do outro é uma maior sensação de conexão, que se traduz em melhor comunicação, maior compreensão e, em última análise, romance melhorado.

Se seu marido ainda não preencheu o questionário, incentive-o a preencher o Questionário para Maridos, disponível a partir da página 197. Discutam as respectivas linguagens do amor de cada um e usem este *insight* para melhorar seu casamento!

Conheça outras obras de

Gary Chapman

- A Bíblia devocional do casal — As linguagens do amor
- A criança digital
- A essência das cinco linguagens do amor
- A família que você sempre quis
- Acontece a cada primavera
- Ah, se eu soubesse!
- Amor & lucro
- Amor é um verbo
- As cinco linguagens da valorização pessoal no ambiente de trabalho
- As cinco linguagens do amor das crianças
- As cinco linguagens do amor de Deus
- As cinco linguagens do amor dos adolescentes
- As cinco linguagens do amor para homens
- As cinco linguagens do amor para solteiros
- As cinco linguagens do perdão
- As quatro estações do casamento
- Brisa de verão
- Casados e ainda apaixonados
- Como lidar com a sogra
- Como mudar o que mais irrita no casamento
- Como reinventar o casamento quando os filhos nascem
- Do inverno à primavera
- Fazer amor
- Incertezas do outono
- Inesperada graça
- Linguagens de amor
- Não aguento meu emprego
- O casamento que você sempre quis
- O que não me contaram sobre casamento
- Promessas de Deus para abençoar seu casamento
- Zero a zero

Compartilhe suas impressões de leitura escrevendo para:
opiniao-do-leitor@mundocristao.com.br
Acesse nosso *site*: www.mundocristao.com.br

Diagramação: Triall Composição Editorial
Revisão: Josemar de Souza Pinto
Gráfica: Santa Marta
Fonte: Minion Pro
Papel: Pólen Soft 70 g/m² (miolo)
Cartão 250 g/m² (capa)